원주 의료기기 클러스터의 이해
-학습과 혁신 과정을 중심으로-

Understanding of Wonju Medical Device Cluster:
Focusing on the Learning and Innovation Process

원주 의료기기 클러스터의 이해
-학습과 혁신 과정을 중심으로-

유평준 · 한상일 지음

도서출판 대영문화사

"이 저서는
2006년 정부(교육인적자원부)의 재원으로
한국학술진흥재단의 지원을 받아 수행된 연구임"
(KRF-2006-812-B00049)

머리말

지난 20여 년 동안 국내외적으로 지역 클러스터에 관한 논문과 저술이 꾸준히 발표되었다. 이는 세계화와 지식정보 사회의 시대적 흐름 속에서, 지역을 기초 단위로 한 국가경쟁력의 중요성과 네트워크와 학습 그리고 혁신을 통한 상호 협력의 필요성에 대한 학술적 대응이었다고 본다.

국내적으로도 참여정부의 국가 균형발전정책 추진은 지역 클러스터에 대한 관심과 연구 활성화에 기여했으며, 이명박 정부의 광역경제권 활성화 전략도 지속적인 연구를 요구하고 있다고 본다.

지역 클러스터는 한국적 상황에서 다분히 실험이며 도전이다. 수평적 상호 협력과 상호 조절 능력이 미흡해서 마찰음이 자주 들리는 현실에서 산·관·학·연(產官學硏)의 파트너십 요구는 새로운 실험이 아닐 수 없다. 또한 지역의 혁신 기반과 역량이 채 갖추어지지도 않은 현실 여건에서 세계적 경쟁력을 지닌 제품 개발의 기대와 이를 위한 창의와 혁신의 요구는 큰 도전이 아닐 수 없다.

이런 실험과 도전의 요소는 비록 지역 클러스터가 저자들에게 새로운 연구 영역이기는 했지만 학문적 관심을 끌기에 충분했다. 원주 의료기기 클러스터가 바로 지척에 입지해 있었기에 관심은 곧바로 실천으로 옮겨질 수 있었다. 원주 의료기기 클러스터는 자생적으로 거의 무(無)에서 시작했고, 짧은 기간이지만 압축 성장하며 성공의 잠재력을 보여 주고 있기에, 원주 클러스터의 차별화된 특성을 설명해야 한다는 의무감도 없지 않았다.

지역 클러스터에 대한 국내 연구는 실용적 필요성에 부응해서 클러스터의 육성 방안, 발전전략, 성공 사례와 성공 요인 등을 주로 다루어 왔으며, 최근에는 클러스터의 거버넌스, 행위자 간의 연계 활동, 혁신 역량 강화 방안과 같은 좀더 세부적인 주제에 대한 연구를 추가하고 있다.

이 책은 원주 의료기기 클러스터의 사례를 대상으로 지난 12년간의 주요 발전 과정을 역사적으로 서술할 뿐만 아니라, 클러스터의 사회적 구조, 인접성과 그 효과, 사회적 자본과 전략적 제휴가 혁신과 학습에 미치는 영향과 같은 세부적인 쟁점에 맞춰 이론적 배경을 고찰하고 설문조사 결과를 바탕으로 실증 분석을 실시함으로써 하나의 클러스터 사례에 대한 심층연구의 결과를 제시한다는 데 의의가 있다.

이 책은 저자들이 그동안 학술지와 세미나에 발표한 지역 클러스터 관련 논문들을 근간으로 한다. 「한국행정학보」의 "지역혁신 클러스터의 학습과 혁신: 사회적 자본과 전략적 제휴와의 관계"(2006), 「지방정부연구」의 "클러스터의 인접성과 그 효과에 관한 분석: 원주 의료기기 클러스터 참여자의 인식을 중심으로"(2006), 한국행정학회 학술대회 발표 논문 "원주 의료기기 클러스터의 발전 과정에 관한 연구"(2007), 「정부학연구」의 "혁신 클러스터의 발전과 집단화 전략: 원주 의료기기 클러스터의 사례"(2008)들을 수정 보완하여 포함시켰다.

저자들이 2007년에 재단법인 원주 의료기기 테크노밸리에서 원주 의료기기 산업의 10년사를 편찬하는 작업에 편집위원으로 참여하게 된 것은 좋은 기회였다. 과거 10여 년 간 기여했던 많은 공직자·교수·기업인들을 직접 인터뷰할 수 있었고 각종 보고

서와 기타 자료들을 챙겨볼 수 있었는데, 모두 이 책을 집필하는데 귀중한 자산이 되었다.

저자들은 원주 의료기기 클러스터 내의 대학에 근무함으로써 연구 수행이 용이하고 편리했지만, 이로 인해 연구의 객관성이 상실되지 않도록 늘 유념했음을 또한 밝히고 싶다. 그럼에도 불구하고 미흡한 점이 있다면 이는 전적으로 저자들의 불찰에 연유한다.

책을 출간하면서 도움을 주셨던 많은 분들의 얼굴이 떠오른다. 원주시의 김기열 현 시장님과 한상철 전 시장님, 원주시의 관련 부서 공무원들, (재)원주의료기기테크노밸리의 전현직 원장이신 연세대 의공학부의 윤형로·김영호 교수님, 연세대 의공학부의 여타 교수님들, 그리고 원주 의료기기 테크노밸리의 모든 직원들에게 이 기회를 빌어서 한번 더 감사의 말씀을 드린다. 책의 출간을 기꺼이 맡아 주신 대영문화사의 임춘환 사장님께도 감사를 드린다. 무엇보다도 한국연구재단의 후원이 없었다면 이 책이 세상에 나올 수 없었음을 밝힌다. 끝으로 출간의 기쁨을 가족과 함께 나누고 싶다.

2009년 10월
유평준·한상일

차 례

제 1 장 서론: 지역혁신 클러스터의 이해

제 1 절 새로운 환경의 도래와 지역혁신의 중요성

인류 역사를 긴 안목으로 조망할 때 사회를 조종하는 권력은 부족국가의 우두머리에서 군주국가의 국왕으로 그리고 대표성을 가진 의회와 관료, 그리고 이익집단과 다양한 공동체조직 등으로 변화되어 왔다. 이러한 장기적인 발전 과정을 특정한 추세로 일반화하여 설명하기는 매우 어렵지만 21세기에 들어선 현재 분명하게 적시할 수 있는 경향이 있다. 경제 성장과 사회 발전을 결정하는 가치나 제도에 영향을 주는 주체가 다양해지고 있으며, 그들의 참여가 보장되는, 즉 사회가 분권화되는 추세로 발전하고 있다는 점이다.

이러한 변화와 더불어 도래한 정보화라는 새로운 패러다임은 관료제에 집권적으로 부여된 의사결정권을 침식하는 결정적인 변수로 작용한다. 그것은 정보화로 인해 다양한 사회 주체들이 정보를 공유하게 되면서 다양한 참여자들이 분권적으로 수행하는 의사결정의 품질이 높아질 가능성이 높기 때문이다. 21세기를 지식기반 경제라고 지칭하면서 지식과 학습 그리고 그것을 가능하게 하는 분권적 혁신 체제의 형성을 강조하는 이유가 바로 여기에 있다.

최근 세계는 이미 정보화를 바탕으로 하는 지식기반 경제로 진입했다. 대한민국의 경우 2000년대 초의 경기 변동을 장기적・지속적인 성장 추세로 전환하기 위해 지식의 창조 및 활용이 필요하다. 일찍이 드러커(Peter Drucker)는 경제 발전의 원동력이었던 전통적 생산 요소인 토지, 노동, 자본은 오히려 부차적이며 그 대신 지식이 단 하나의 중요한 생산 요소가 되고 있다고 주장하면서 21세기가 20세기에 발생한 정보혁명을 바탕으로 지식이 경쟁력 강화와 가치 창조의 핵심이 되는 지식혁명이 발생할 것이라고 지적한 바 있다(드러커, 2001: 57).

지식의 창조와 활용을 활성화하기 위해서는 기업, 정부, 연구기관의 개별적인 학습화뿐만 아니라 이 삼자의 활발한 연결망 속에서 학습 효과가 상승하는 것이 중요하다. OECD가 발간한 『지식기반 경제에 대한 보고서』(1996)에 따르면 이러한 연결망은 지리적 인접성이 높은 특정 지역경제의 학습 수준을 향상시키는 학습지역(learning region)의 형태로 발전할 때 효과적이다. 그리고 이 보고서는 주요국 GDP 중 50%가 지식에 기반을 두고 있어서 학습 지역의 형성은 중요하다고 지적한다.

이와 같은 지식기반 경제에서의 지식활동은 창출, 축적, 공유, 활용 그리고 학습의 다섯 가지 단계로 구성된다(삼성경제연구소, 1999). 창조는 새로운 기술이나 노하우를 만드는(make) 활동을 지칭하며 축적은 창출된 지식이나 기존의 지식을 조직에 저장(stock)하는 활동을 말한다. 공유는 개인 간 조직 간에 상호작용을 통해 지식을 함께하는(share) 활동을 의미하며 활용은 개인이나 조직에 체화된 지식을 사용(use)하는 활동을 말한다. 마지막으로 학습은 환경 변화로부터 새로운 지식을 얻고 이에 적응해 가

[그림 1-1] 지식의 자기증식 과정

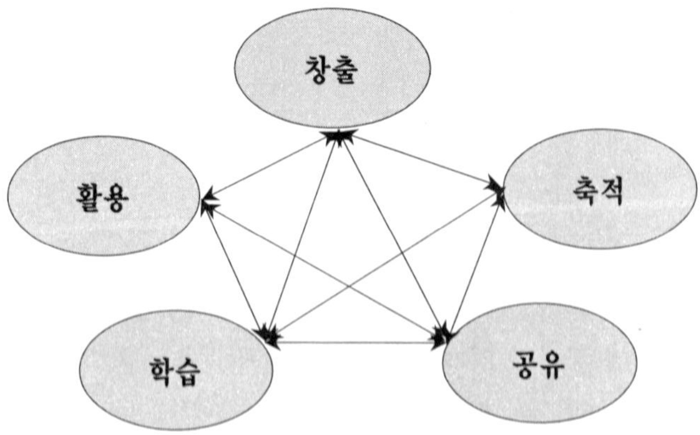

자료: 삼성경제연구소(1996). 「학습조직의 이론과 실제」. 서울: 삼성경제연구소.

는 활동이다. 이러한 다섯 가지 활동은 상호 중복된 부분이 있으며 서로의 상호작용을 통해 지식의 자기증식 과정을 반복한다. [그림 1-1]과 같이 이러한 지식의 자기증식 과정이 반복적으로 발생하는 과정에서 혁신이 발생한다. 혁신이 조직의 목표 달성에 기여하기 위해서는 이와 같은 자기증식 과정이 조직과 개인에 체화되고 활용되어야 한다.

지식의 자기증식의 산물인 혁신을 경제발전론적 시각으로 이해하면 혁신을 위해서 자본이나 노동 등의 투입 구조를 변화시키는 기업가의 행위가 중요하며, 투입구조의 변화는 소비를 진작하면서 전체 경제가 호황 국면으로 전환되는 데 기여한다. 그러나 지식기반 사회에서의 혁신은 새로운 제도와 새로운 시장을 창출하는 등 새로운 아이디어나 정책을 도입하고 그것을 획기적인 성장의 계기로 삼는 활동이다. 그런 의미에서 혁신은 상대적으로 평온했던 구조나 제도를 약진시키는 창의적인 변화를 발견하는 과정이다(Cooke et al., 2004). 이러한 변화는 새로운 기업 형태,

투자, 과학, 기술의 형태로 도입되는데 그것이 지역의 독특성으로 발전하는 경우 그 지역은 새로운 시장과 새로운 경제로 재편되는 것이다.

제 2 절 경쟁력 향상의 주체로서 지역

21세기 국가의 경쟁력이 지역경제의 독특성을 통해 창출할 수 있다는 논리가 설득력이 있다고 가정하면(Porter, 1998), 정책적인 측면에서 국민국가(nation state)를 기반으로 한 중앙정부의 역할 못지않게 지역 스스로의 상호 학습과 혁신을 통한 발전전략이 유효하다. 이러한 발전전략에 따르면 정부는 적극적인 규제와 개입 또는 재화와 서비스의 직접 생산 및 제공 등의 기능을 수행하는 규제국가나 발전국가에서 벗어나야 한다. 오히려 정부는 조정(coordination), 조종(steering), 그리고 조절(regulation) 등 간접적인 지원의 역할을 수행하는 방식으로 역할을 변경할 필요가 있다(Kooiman, 1993).

이러한 추세는 1990년대 이후 신보수주의적 정책 기조가 강화되면서 중앙정부의 지원은 줄어들고 지역이 자발적으로 발전전략을 모색하도록 유도하는 방안들이 널리 확산되면서 더욱 강조된다. 그것은 각 지역의 조직적, 인적, 경제적 역량의 차이에 따라 발전 성과의 격차가 심화되는 현상이 나타나기 때문이다. 이러한 추세가 확산될 때, 발전의 경험을 갖고 있는 지역과 그렇지 못한 지역 간의 격차는 시간이 흐를수록 확대 재생산될 가능성이 커진다.

이러한 추세에 대응하기 위해 지방정부를 중심으로 한 지역은 새로운 거버넌스 체계의 확립을 통해 경쟁력 향상과 지속가능성의 확보에 주력할 필요가 있다. 세계화와 분권화의 추세 속에서 지역의 경쟁력 향상은 사회의 결집력의 향상 또는 환경 보전과도 밀접한 연관성이 있기 때문에 더욱 중요하다. 21세기에 진입한 이후 지속 가능한 발전과 삶의 질에 대한 국민의 욕구가 증가하면서 지역경쟁력 향상이라는 과제는 또 다른 도전에 직면한다. 이러한 문제에 대해 OECD에서 1997년에 개최한 "경쟁력 있고 살기 좋은 도시를 위한 더 나은 거버넌스 체계"에 관한 토론토 워크숍에서도 지역의 거버넌스 체계가 경쟁력 제고와 지속가능성을 조화시키는 데 기여할 수 있도록 다양한 분야의 활동 주체가 참여하는 정책의 개발과 집행에 기여할 수 있다는 의견이 수렴된 바 있다.

실제로 중앙정부의 지원 부재, 그리고 급속히 증가하는 사회적 다양성을 되돌릴 수 없는 제약 조건으로 생각하고 지역 단위로 자조적인 개발 및 발전전략을 수립하는 것이 중요한 과제로 강조되고 있다. 이러한 지역의 경제 발전 및 사회 발전을 주도하는 매개체로 정부뿐만 아니라 비영리조직이나 기업이 큰 역할을 하고 있다. 이러한 과정에서 지역이 가진 자산이 무엇인지 스스로 밝히고 그러한 자산을 중심으로 지역을 개발하면서 결여하고 있는 부분을 채워 나가는 자조적인 개발 방식이 강조된다. 여기서 지역의 다양한 참여자는 스스로 지역의 자산을 탐색하고 그것을 조직화하는 역할을 담당한다.

대외적으로는 인접한 지방자치단체나 기업, 비영리조직 등과의 협력 체계를 구축하는 사례가 증가하고 있다. 이미 미국의 시애틀, 밴쿠버 등은 국경을 넘어선 해안 보전 및 지역 발전 정책을 공유하고 있으며 토론토, 버펄로, 디트로이트, 몬트리올 등도 광범위한 지역 협력 체계를 발전시킨 바 있다. 유럽에서도 라인강 유역의 지방자치단체들이 협력 체계를 결성하는 등 다양한 사례가 발견된다. 이러한 추세는 세계화와 지역화를 도전으로 생각하기보다 새로운 기회로 활용하여 지역 문제를 극복하는 방안으로 설명할 수 있을 것이다.

무엇보다도 중요한 것은 지역 내 협력 체계와 사회적 응집력을 높이고 다양한 자산을 가진 행위자들을 거버넌스 체계에 포함시키는 것이다. 지속적인 활동과 교류를 통해 유사성을 발견하고 소속감을 높일 때, 바람직한 협력 체계가 발전할 수 있다. 그러한 발전을 위해 지역사회 속에서 스스로의 정체성을 확립하고 공유하는 것이 필요하며 지역 거버넌스로서 지역혁신 클러스터는 바로 이러한 정체성을 개발하는 수단으로 기능할 수 있을 것이다. 이러한 공동체 의식의 확산은 상호 혁신의 공유 학습 체계의 발전에 기여한다. 지식정보 사회에서 혁신의 결과를 공유하는 것은 지역의 경쟁력 향상에 큰 도움이 될 것이다.

한국의 지역산업은 소위 "국가와 사회 간의 비대칭적 역학 관계" 속에서 국가가 주도하여 조성한 산업단지에 연관 기업과 연구 및 교육기관이 입주하는 하향적 개발 방식에 의해 발전했다. 따라서 현재 지역이 직면한 도전을 한국의 지방정부와 산업이 자생적으로 극복할 수 있는가가 문제로 남는다. 그런데 참여정부 이후 국가 균형 발전의 측면에서 지역혁신 역량 강화를 위한 다양한 시책 중 일부로서 지역 혁신 클러스터의 육성에 관심이 모이기 시작했다. 원주시의 의료기기 클러스터도 전국에 분포된 12개 산업단지 클러스터 중 하나로서 비교적 자율적이고 독자적인 혁신 역량을 갖고 있는 것으로 평가받고 있다(국가균형발전위원회 · 산업자원부, 2004). 이런 맥락에 근거하여 지역이 중앙정부의 도움으로 자생적으로 발전모형을 설정하고 협력 체계를 형성하여 학습과 혁신의 결과를 공유하면서 경쟁력을 향상시킨 것으로 평가받는 이 사례를 새로운 지역 발전의 모형으로 제시될 수 있을지 평가하는 것은 큰 의미가 있다.

제 3 절 지역혁신 클러스터 개념의 발전과 정의

일반적으로 클러스터의 개념은 "공통의 물리적 · 지적 기반 구조에 기초하여 공공재를 개발 · 활용하면서 기업, 지식 생산기관, 지식 확산기관, 고객 등이 수직적 · 수평적으로 연계된 연결망" (OECD, 1999: 29)으로 정의된다. 이 개념은 1990년 포터(Michael Porter)의 책, 『국가의 경쟁 우위(*The Competitive Advantage of Nations*)』에서 언급된 이후 널리 알려지게 되었다. 그 이후 이 개념은 지리경제학의 영역에서 주로 연구되면서 특정 지역경제의 경쟁력을 향상시키는 데 지리적 요소가 중요하다는 관점이 설득력 있게 제시된다.

이러한 개념에 대한 이론적인 관심의 연원은 매우 깊어서 일찍이 저명한 경제학자인 마셜(Alfred Marshall, 1920)이 지역산업에서 지리적인 인접성이 비용 절감에 결정적인 영향을 미치고 결국 경쟁력의 향상을 가져온다는 '국지화(局地化)의 경제'라는 논리를 전개하면서 시작된다. 좀더 본격적으로는 1990년대 이후 글로벌 경쟁 체제가 형성되면서 경쟁력의 제고가 중요한 쟁점으로 부각되면서 경쟁력의 제고를 위한 다양한 제언들이 나타난다. 이 중에서 가장 큰 반향을 불러일으킨 것은 포터(Porter, 1998)의 경쟁력 강화를 위한 지역혁신 클러스터의 조성과 그 조건에 관한 연구, 그리고 카스텔스와 홀(Castells & Hall, 1992)의 과학기술도시 등에 관한 연구 등이다. 그리고 2000년대로 접어드는 시점에서 지역혁신 클러스터의 개념과 효과에 대한 설명이 본격적으로 논의되기 시작한다.

2000년대 이후의 연구 결과를 요약하면 클러스터를 통해 집적 효과를 실현하면 경제적으로 긍정적인 효과가 있고 긍정적인 효과를 극대화하기 위해서는 사회적인 협력 체계의 구축이 중요하다는 것이다. 대표적으로 피터스 등(Peeters et al., 2001) 그리고 권명중 외(2005)는 투입-산출분석을 토대로 클러스터의 경제적 효과를 입증했다. 그리고 김성태·노근호(2004) 역시 지역경제의 성장을 도시권과 비도시권으로 구분하면서 클러스터의 효과를 분석한다. 이러한 연구들의 결과는 클러스터가 유발하는 산업 연관 효과가 분명히 있다는 사실을 밝히고 있다. 경제적으로 긍정적인 효과를 유발하는 클러스터의 사회적 요인에 대해서 잉크펜과 창(Inkpen & Tsang, 2005), 한성안(2004) 등은 클러스터의 혁신에는 사회적 자본이 매우 중요한 요소라는 점을 밝혔다. 그리고 레인과 루바트킨(Lane & Lubatkin, 1998) 그리고 다이어와 싱(Dyer & Singh, 1998) 등은 클러스터에서 지식 성과의 확산 과정에 전략적 제휴가 중요한 요인이라는 점을 지적한다. 따라서 혁신 클러스터의 주요 성과가 혁신과 학습 등의 지식 성과에 있다고 할 때 사회적 관계에 대한 좀더 면밀한 검토가 필요하다는 사실을 알 수 있다.

이러한 기초적인 연구를 토대로 클러스터에 대한 관심이 OECD에 의해 요약적으로 제시된 바 있으며, 이 보고가 최근 논의되는 클러스터의 개념을 확립하는 데 중요한 기여를 했다. OECD(2001)에서는 기존 이론을 포괄적으로 검토하면서 클러스터에 관한 관심을 경제학적으로 설명한다. 이 보고에서 클러스터에 대한 경제학적 관심은 마셜의 이론에서 출발한 외부성(externalities)을 중심으로 한 분석,[1] 신제도경제학의 거래비용

1) 클러스터는 외부경제의 효과 즉 긍정적인 외부효과(positive externalities)를 갖는 것으로 평가된다. 유사한 업종에 종사하는 기업이 모이면 수요 등 기업에 유리한 요인들도 함께 집적된다는 개념이다.

(transaction costs)에 초점을 맞춘 분석 등을 중심으로 발전했다고 한다. 그리고 이러한 결과를 각종 사례와 함께 종합적으로 제시하면서 특정 지역에 구축되는 클러스터는 경제적인 집적 효과를 강화하는 형식으로 설계되는 것이 바람직하다고 설명한다.

1990년대 후반 이후 진행된 대부분의 지역혁신 클러스터의 정

〈표 1-1〉 지역혁신 클러스터의 정의

강조점	연 구	정 의
지리적 근접성	Porter(1998: 199)	공통성과 상호보완성으로 연계된 특정 분야 기업과 관련 기관들이 지리적으로 근접하여 형성된 집단
	Crouch & Farrell (2001: 163)	유사한 산업에 속한 기업들이 한데 모이는 경향
	Swann & Prevezer(1998: 1)	특정 지역 내에 위치한 관련 산업체들의 큰 군집
	Enright(1996: 191)	기업들이 서로 근접한 곳에 위치한 클러스터
협력적 연결망	Feser(1998: 26)	단순히 관련 산업과 기관들의 모임을 넘어서 그들의 관계를 이용하여 경쟁력을 향상시킬 수 있는 관련 기관들
	Simmie & Sennett(1999: 51)	동일한 시장 조건 하에서 하나의 공급망을 통해 고도의 협력적 연계를 갖고 있는 상호 연관된 다수의 기업들
	Roelandt & den Hertag(1999: 9)	부가가치를 창출할 수 있는 상호 의존적인 기업으로 구성된 생산자의 네트워크
	Roselfeld (1997: 4)	지리적으로 근접하고 그로 인한 상호작용으로 인해 시너지 효과를 낼 수 있는 기업의 집중 현상
	Van den Berg, Braun & van Winden(2001: 187)	네트워크의 지역적 영역과 연관되는 것으로 전문화된 조직의 지역적 네트워크이며 재화와 서비스, 지식의 교환을 통해 밀접하게 연관된 생산 과정을 공유하고 있음.

자료: Martin, R. & Sunley, P.(2002). Deconstructing clusters: Chaotic concept or policy panacea?, *Journal of Economic Geography*, 3: 1의 재구성.

의를 검토하면 "동일한 산업에 연관된 조직체가 지리적으로 근접한 위치에 입지하여 형성한 생산, 서비스 그리고 지식의 네트워크"로 정의할 수 있다. 주요 학자들의 클러스터에 관한 정의를 나열하면 <표 1-1>과 같다.

앞에서 나타난 바와 같이, 클러스터의 가장 중요한 의의는 동일한 산업에 속한 기관들이 지리적으로 근접한 곳에 입지하면 차별화와 비용 절감 효과에 따라서 다른 지역에 입지한 기업들에 비해 경쟁 우위에 선다는 점에서 찾을 수 있다.[2] 그리고 지역적 근접성을 통해 시너지 효과를 발생시키기 위해 학습과 혁신을 촉진하는 다양한 사회적 협력 체계가 중요하다는 사실도 재확인되고 있다. 이러한 관심을 종합하면 클러스터를 지리적 근접성을 중심으로 한 기반구조에 정치사회학적 구조를 통합한 거버넌스의 중요성을 강조하는 시각과 연계된다.[3]

클러스터를 거버넌스 체계의 중요성을 강조하는 시각에서 바라볼 때 클러스터의 사회적 협력 관계는 문화와 학습 능력이 상호 교류하는 통로로서 기능한다(Putnam, 1995). 기업과 기업 그리고 기업과 대학 등을 비롯한 연구기관 간의 연결망이 클러스터라는 공동체에 속한 구성원에게 전체 공동체의 가치를 강요(enforce)하면서 그들이 그것을 당연하게 받아들여 공동의 문제

2) 차별화와 비용 절감을 통한 경쟁력의 확보는 포터(M. Porter)가 기업전략의 측면에서 강조했던 내용으로 클러스터 개념과 연관해서 다시 강조하고 있다.

3) 허토그, 버그만과 찰스(Hertog, Bergman, & Charles, 2001)의 시각이 바로 이러한 관점을 표명하고 있다. 그들에 따르면 클러스터는 직간접적인 유인 체계를 제공하고 연결망의 활동을 촉진할 뿐만 아니라 각종 제도적 환경을 창조하는 포괄적인 거버넌스로 이해해야 한다고 주장한다. 그들의 주장은 OECD의 Cluster Focus Group의 관점으로 이어진다. 따라서 OECD는 혁신 클러스터를 거버넌스 개념으로 이해하고 1) 국가별로 독특한 조합이 가능하며, 2) 클러스터마다 각각 다른 환경이 있으며 차별화와 선택에 관한 전략도 달라야 하며, 3) 이념형적 클러스터는 존재할 수 없다고 주장한다.

를 해결하는 장에 나아가도록 하는 순기능을 한다. 이와 같은 협력 관계가 형성되어 있는가의 여부는 전체 클러스터가 외부 환경의 변화에 신속하게 적응하고 전체 산업에 다가오는 도전에 대응하기 위한 사회적 기반구조이다.

사회적 협력 관계가 클러스터의 핵심 메커니즘으로 기능한다면 문화와 학습 능력은 기반구조를 활용할 수 있는 역량이 된다. 21세기 지식정보화 사회에 가장 중요한 능력은 학습 능력이며 학습 능력을 극대화하는 수단은 유연하고 협력적인 공동체의 문화이다. 조직의 학습은 환경의 변화가 있을 때 느슨하게 연계된 조직 단위에 의해 신속하게 변화에 대응하는 기능이다. 클러스터의 학습 능력은 전체 산업이 기업, 지식 생산기관, 그리고 지식 확산기관으로 구성되어 각각의 구성원이 환경이 변화할 때 즉시 대응할 수 있는 혁신 능력이다. 위의 세 가지 요인이 모두 갖추어진 산업단지가 새로운 의미의 혁신 클러스터이며, 이와 같은 혁신 클러스터를 통해 지역과 산업의 경쟁력이 제고된다.

규범적인 차원에서 클러스터에 관한 정의는 이와같이 제시되고 있으나 실제 클러스터에 관한 실증적 연구 경향은 다음과 같은 몇 가지 문제점이 있다.

첫째, 성공적인 혁신 클러스터의 사례가 풍부하지 않고 각각 다른 조건에서의 다양한 사례에 주목하고 있기 때문에 연구자의 편의에 따라 연구 대상이 선정되는 경향이 있다. 그 결과로 클러스터가 발전하는 조건과 발전 단계에 관한 실증적 분석이 미진하게 되었다.

둘째, 클러스터의 매우 중요한 구성 요건인 비형식적 지식의 확산과 교류에 관한 분석이 부족하다. 지리적 근접성이 유발하는 효율성과 경쟁력의 강화에 관한 모형 등에 관한 연구는 풍부한 반면 측정이 어렵고 실증적 증거를 찾기 어려운 비형식적 지식과 사회적 협력에 관한 분석이 부족한 것이다.

셋째, 효과적인 클러스터의 형성을 위한 바람직한 거버넌스 체제에 관한 구조적 분석이 부족하다.

따라서 클러스터 형성의 과정에 있는 원주시의 경우에 대해 비형식 지식의 확산에 기여한 클러스터의 문화와 학습 능력에 중요한 요인과 바람직한 거버넌스에 관한 연구를 실시한다는 점에서 이 연구는 그 의미가 크다.

제 4 절 책의 구성

이 책은 원주 의료기기 클러스터의 형성과 발전에 대한 이론과 현실을 고찰하기 위해 현실적 맥락, 이론적 배경, 그리고 쟁점 분석으로 구분하여 접근한다. 단 현실적 맥락을 시작하기 전에 지식기반 사회에서 지역혁신 클러스터가 중요한 이유와 기본 개념, 그리고 지식 창출에서 지역의 중요성에 대해 간략하게 설명함으로써 논의를 시작한다.

서론에 이어서 제2장에서는 원주 의료기기 클러스터의 지금까지의 발전 과정을 역사적으로 정리하여 발전 단계별로 중요한 행위자를 밝히고 참여자들 사이의 역학 관계가 변화하는 과정을 규명하고자 한다. 원주 의료기기 클러스터는 1990년대 중반 이후 설립되어 최근에는 기술혁신을 통해 생산성을 획기적으로 높이는 혁신 주도형 성장전략에 의해 운영되는 혁신 클러스터를 지향한다(원주 의료기기 테크노밸리, 2005b). 일반적으로 혁신 클러스터의 기본 구조는 지식 생산기관, 지식 확산기관, 그리고 지식 소비기관으로 구성된다(OECD, 2001). 원주 의료기기 클러스터에는 일찍이 원주시에 입지한 대학교의 의용전자공학 전공을 중심으로 지식 생산기관이 형성되어 있었다. 그런데 지식 생산기관인 대학교에서 1998년 의료기기 창업보육센터를 설립·주관하면서 지식의 생산과 확산을 동시에 수행하기 시작한다. 그리고 2000년대 초반 기존의 연구기관을 기반으로 한 본격적인 지식 확산기관인 원주 의료기기 테크노밸리가 창립되었다(원주 의료기기 테크노밸리, 2005a). 그리고 연구기관에서 생산된 연구 성과와 기술 그리고 인력을 기업체에서 흡수하여 역동적 발전을 위한 선순환 구조를 형성하기 위해 원주시 일원에 지식 소비기관인 의료기기 제조 기업이 입주하는 의료기기 전용공단 세 곳이 조성되었다.

원주 의료기기 클러스터 참여자들 간의 상호작용에서 두드러진 특징은 지식 생산기관인 대학교를 중심으로 그 리더십이 형성되고 있다는 것이다. 실제로 원주의 경우 혁신 클러스터의 조성과 추진의 모든 과정에 연구기관이 폭넓게 개입하면서 지방자치단체와 기업체가 동참하는 구조가 형성되어 있다. 이러한 구조가 형성된 역사를 정리하고 효과적인 성과를 낳는 원인을 밝히는 역사적 분석은 향후 한국의 클러스터 발전을 위한 중요한 교훈을 줄 것으로 판단된다.

제3장에서는 지역혁신 클러스터에 대한 개괄적인 이론을 검토할 것이다. 그 주요 내용은 1) 지역혁신 클러스터에서 새로운 거버넌스의 의미, 그리고 2) 학습공동체의 시각에서 본 지역혁신 클러스터, 3) 클러스터의 학습과 혁신을 촉진하는 요소의 순서로 구성했다. 먼저 지역혁신 클러스터에서 거버넌스 체계는 중요하다. 과거 한국의 지역산업은 국가의 주도로 조성된 산업단지에 연관기업과 연구 및 교육기관들이 입주하는 하향적 개발 방식에 의해 발전했다. 그러나 최근에는 참여자의 자발적인 참여와 신뢰 관계의 형성을 바탕으로 한 협력의 네트워크가 더 중요한 요인으로 평가받고 있다. 따라서 한국의 중앙정부나 지방자치단체는 클러

스터 참여자의 혁신 역량 강화를 위해 다양한 서비스를 조정하고 조절하는 역할을 수행하는 위치로 새롭게 자리매김할 필요가 있다는 점을 이론적 배경에서 강조한다.

그리고 이러한 협력의 네트워크는 학습공동체의 시각에서 조망하는 것이 바람직하다. 특히 한국의 클러스터에서는 그동안 발전하지 못했던 학습과 혁신을 위한 공동체를 형성하는 것이 중요하다는 사실을 지적하고자 한다. 학습공동체 개념을 설명하기 위해 활발한 학습과 혁신에 바람직한 구성주의적 학습공동체를 이루기 위한 이론으로서 샌들(M. J. Sandel)의 구성적 공동체 개념을 제시한다.

학습 공동체로서의 지역혁신 클러스터의 의미가 이론적으로 정리되면 학습공동체의 최종 성과인 학습과 혁신을 창조하기 위한 조건과 혁신이 발생하는 과정을 설명한다. 최근 클러스터의 혁신을 위해 참여자들 사이의 사회적 자본과 전략적 제휴가 중요한 것으로 지적되고 있다. 이러한 요인이 어떤 경로를 거쳐서 클러스터의 혁신에 기여하는지를 이론적으로 제시하면서 혁신 클러스터에 대한 이론적 논의를 마칠 것이다.

현실적 맥락과 이론적 배경에 대한 고찰이 종료되면 원주 의료기기 클러스터에서 중요한 쟁점인 1) 클러스터의 사회적 구조, 2) 인접성과 그 효과, 그리고 3) 사회적 자본과 전략적 제휴가 혁신과 학습에 미치는 영향 등의 쟁점을 참여자의 인식을 중심으로 분석한다.

먼저 제4장에서 클러스터의 사회적 구조에 대한 참여자의 인식과 주요 집단별 차이에 대한 분석을 시도한다. 이 연구의 주된 목적이 혁신 클러스터의 학습과 혁신이 형성되는 과정을 조명하는 것이라고 할 때, 클러스터의 참여자들이 학습공동체로서의 클러스터의 사회적 구조를 어떻게 인식하고 있는지를 분석하는 것이 매우 중요하다. 주요 쟁점은 바로 이러한 클러스터의 학습과 혁신을 유발하는 사회적 구조에 대한 참여자의 인식, 그리고 참여자 유형별로 나타나는 인식의 차이에 대한 실증적인 검토가 포함된다.

제5장은 클러스터의 핵심 개념을 인접성으로 제시하고 그러한 인접성이 클러스터의 성과에 미치는 영향을 검토한다. 클러스터의 인접성은 지리적 인접성, 조직 간 인접성, 그리고 문화적 인접성을 포괄한다. 그리고 이러한 세 가지 인접성 요인은 비용 절감효과, 혁신 효과 그리고 학습 효과에 긍정적인 영향을 미칠 것으로 가정하고 각각의 인접성이 어떠한 효과에 직결되는지 분석한다.

제6장은 최근 각종 문헌에서 클러스터의 중요한 요인으로 제시되고 있는 사회적 자본과 전략적 제휴가 혁신과 학습에 영향을 주는 경로를 분석한다. 이미 앞에서 클러스터의 다양한 인접성과

[그림 1-2] 책의 구성

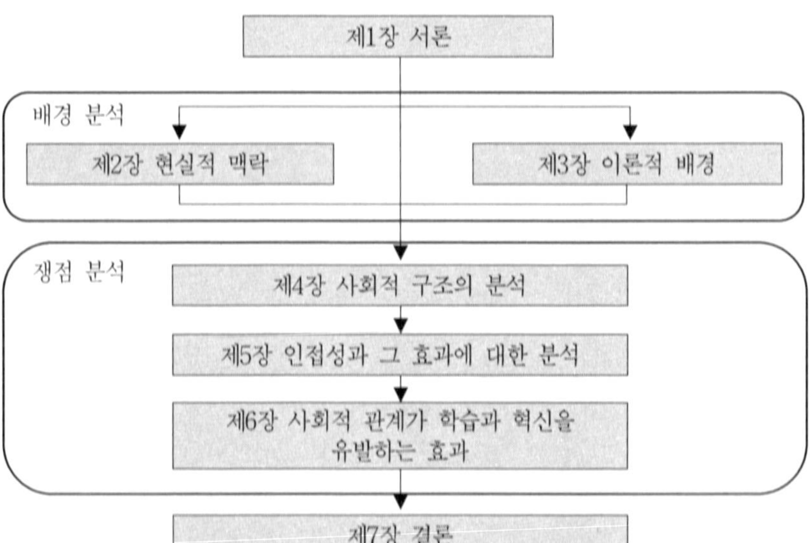

사회적 구조가 학습과 혁신에 영향을 미치는 것을 확인하지만 어떠한 경로를 통해 영향을 주는지는 확인하지 못했다. 따라서 세 번째 쟁점 분석을 통해 사회적 자본과 전략적 제휴라는 중요한 요인이 학습과 혁신에 영향을 미치는 과정을 분석하는 것이다.

이론적, 현실적, 실증적 분석이 종료되면 제7장 결론에서 모든 분석 결과를 요약하고 이를 토대로 원주 의료기기 클러스터의 성과 요인을 정리해 보고자 한다. 이 책의 구성을 나타내면 [그림 1-2]와 같다.

제 2 장 현실적 맥락

원주 의료기기 클러스터의 역사와 현실에 대한 이해를 제고하기 위해서는 우리나라의 최근 지역발전정책과 혁신 클러스터의 정책적 배경에 이해가 필요하다. 또한 원주 의료기기 클러스터와 유사한 해외의 의료 관련 클러스터 사례에 대한 고찰도 유익하다. 지역발전정책과 해외 의료기기 클러스터에 대한 이해를 바탕으로, 이 장에서는 원주 의료기기 클러스터의 지난 10여 년간의 발전 과정을 태동기 · 기반 구축기 · 성장기로 나누고, 각 단계별로 주요 행위자의 역할과 이들 간의 관계, 주요 의사결정과 실적 등을 중심으로 발전 과정을 서술하고자 한다.

제 1 절 한국의 지역발전정책과 혁신 클러스터

1 국가균형발전정책의 의의

우리나라는 통일신라 이후 중앙집권적 통치만이 계속되어 왔을 뿐, 분권적 국가 운영의 경험이 없었다. 따라서 사람과 자원과 권력이 모두 중앙으로 모일 수밖에 없는 구조였다. 1950년대 초반 제1공화국 때에 지방자치를 처음 도입했지만, 1961년 군사 쿠데타를 일으킨 세력에 의해 통일이 될 때까지 유보됨으로써 미약하게나마 존재했던 분권화의 움직임은 중단되었다.

1960~70년대의 산업화는 중앙집권의 논리를 따라 전개되었고, 국가의 총량적 발전을 위해 지역 간 균형 발전이 희생되었다. 1980년대에는 작은 정부 구현을 위해 규제 완화 및 민영화가 추진되었지만, 중앙과 지방 관계에 변화를 주지는 못했다.

산업화 과정에서 파생된 수도권 인구 집중과 지역 간 불균형 문제를 해소하기 위한 정책적 노력이 역대 정부에 없었던 것이 아니다. 하지만, 지역 간 균형 발전을 국정의 핵심 과제로 채택하고 이를 추진한 것은 노무현 전 대통령의 참여정부(2002~2008년)가 최초라고 해도 과언이 아니다(권오혁, 2007: 11). 국가 주도의 산업화 과정에서 성공적 압축 성장을 이룩했지만, 수도권 과밀(過密)과 지방 과소(過疎)의 불균형, 이로 인한 지역주의와 국민 분열을 참여정부는 극복해야 할 최우선 과제로 선정했던 것이다.

참여정부 이전인 1991년 지방자치가 부활되었지만, 오랜 기간 동안의 중앙집권적 국가 운영으로 인해 지방정부의 역할 범위와 실질적 권한은 아직도 제한적인 수준에 머물고 있다. 또한 집권적 운영은 지방의 중앙 의존성을 심화시킴으로써, 국가 전체의 경쟁력 강화에 기여하지 못하고 있다.

참여정부가 국가 균형 발전을 최고의 국정 과제로 추진했던 배경에는 이처럼 중앙집권적 불균형 발전의 문제점을 해결하려는 측면이 강하게 작용하고 있었다. 그런데 이와 동시에 지식기반 경제의 출현과 지역 중심의 국가경쟁력 강화라는 새로운 시대적 흐름에 대응하기 위한 측면도 있었다. 세계화의 진전과 지식기반 사회의 출현은 국가만이 아니라 지역도 국가경쟁력의 핵심적 경제 단위가 되어야 함을 요구하고 있었기 때문이다.

또한 참여정부의 국가균형발전정책은 한국 경제의 제2의 도약을 위한 새로운 성장 동력의 필요성에서 추진되기도 했다(김형빈, 2008: 315). 균형발전정책을 통해 수도권뿐 아니라 각 지방이 지역 특성에 따른 산업고도화를 이룩함으로써 경제 침체 상황을 극복하는 데 기여할 수 있는 것으로 판단되었다.

참여정부의 국가균형발전정책은 수도권 일극(一極) 집중에서 다극(多極) 혁신 체제로 재편하고자 하는 것이었으며, 과거 정부의 지역발전정책과 달리 수도권과 비수도권이 상충적(trade-off) 관계가 아니라 상생적(win-win) 관계를 유지하며, 중앙에 의존해서가 아니라 지방 스스로의 힘에 의해 내생적으로 발전하는 '자립형 지방화'를 근간으로 하고 있다(성경륭, 2003: 2).[1)]

2 국가균형발전정책과 혁신 클러스터 사업

참여정부에서 국가 균형 발전은 "지역 간 발전의 기회 균등을 통해 국토 공간상의 모든 지역의 발전 잠재력을 증진함으로써 어느 지역에 거주하더라도 기본적인 삶의 기회를 향유하고, 궁극적으로 국가 전체의 경쟁력을 극대화하는 것"으로 정의되고 있으며, 이의 목표는 '전국이 개성 있게 골고루 잘사는 사회'를 건설하는 데 있었다(성경륭, 2003).

참여정부 국가균형 발전전략의 주요 내용은 여섯 가지로 압축

---

1) 참여정부는 '지역' 균형 발전보다는 '국가' 균형 발전이라는 표현을 사용했다. 이는 균형 발전이 국가적 의제이며 동시에 단순한 지역 불균형의 시정 차원이 아니라 각 지역의 자립적이며 내생적인 발전전략을 통해 이룩되어야 한다는 점을 강조하기 위해서이다(성경륭, 2003).

될 수 있다(국가균형발전위원회, 2005).

① 국가 균형 발전을 선도하는 행정중심 복합도시 건설
② 지역 특화 발전을 위한 전략산업 및 혁신 클러스터 육성
③ 공공기관 이전과 혁신도시 건설, 기업도시 건설
④ 지역특화 발전특구, 낙후지역 개발을 위한 신활력사업 추진
⑤ 동북아 경제 중심도시권으로서 수도권의 질적 발전 유도
⑥ 시·도행정구역 단위의 역량을 결합한 초광역 경제권 형성

이처럼 참여정부의 국가균형 발전전략이 다양하게 추진되었지만, 이 정책의 핵심은 수도권 분산정책과 지역산업정책으로 집약될 수 있다.

수도권 분산정책은 위에서 언급한 행정중심 복합도시, 공공기관 지방 이전, 혁신도시, 기업도시 건설을 통해 일극 중심을 극복하는 데 있었으며, 지역산업정책은 지역의 혁신 역량을 고도화하여 지역산업의 경쟁력을 높이고 지역경제를 활성화하는 데 있었다(권오혁, 2007: 13). 특히 참여정부에서는 지역 단위의 전략산업 육성계획에 따라 자생적 발전 기반을 조성하는 방식으로 접근하여, 과거의 국가 주도의 지역 배분적 산업 선정 방식과 차별화했다.

<표 2-1>에 요약된 바와 같이, 지역산업정책은 지역혁신 체제 구축 및 혁신 역량 강화와 지역 전략산업 육성 및 산업 클러스터 조성으로 대별될 수 있다. 전자는 지역혁신 체제를 구축하여, 지역의 산·관·학·연이 상호 협력과 공동 학습을 통해 지역의 산업 생산, 과학기술, 기업 지원 등을 효율적으로 연계시켜 혁신 기반을 확충해 나가는 것이었다. 지역혁신 체제 구축과 관련된 시책은 <표 2-1>에 제시된 바와 같이, 지역혁신협의회 구성 운영, 지방대학 혁신 역량 강화, 혁신 클러스터 육성(대덕연구단지 및 7대 국가산업단지의 혁신 클러스터화) 등의 사업을 통해 구체화되

〈표 2-1〉 참여정부 지역산업정책의 주요 내용

분야	핵심 시책	관련 부처	사업의 내용 및 현황
지역혁신 체제 구축 및 혁신 역량 강화	지역혁신 체제 구축 및 운영 지원	산자부, 시도	지역혁신협의회 운영
	지방대학 육성 및 지역 인적자원 개발	교육부, 시도	지방대학 육성 프로그램 운영
	산학연 네트워크 강화	교육·산자·과기·정통·문광·노동, 중기청	산학연 중심대학 지정 육성 신(新) 산학협력 모델의 정립 및 확산
	대덕 R&D 특구 육성	과기·산자부, 중기청, 대전시	대덕 R&D 특구특별법 제정, 대덕특구 개발
	국가산업단지 혁신 클러스터화 추진	산자부	6개 국가공단 혁신 클러스터 시범사업 추진 산업단지 혁신 클러스터 육성
	지역과학 기술의 진흥	과기부	지역혁신센터 등
지역전략 산업 육성 및 특구 개발(산업 클러스터 조성)	지역 전략산업 육성	산자부	4개·9개 지역산업진흥사업의 특성화 및 지역혁신 시스템화 추진
	기업도시 개발	건교부, 균발위	기업이 개발 주체가 되어 산업복합단지를 개발
	경제자유구역: 국제적 비즈니스 및 산업도시 건설	재경부, 국민경제자문회의, 각 시도	인천, 부산-진해, 광양 등 세 곳에서 진행 중
	지역특화 발전특구 추진	재경부	지역특화발전특구법 제정, 각 지방별 특구 신청 및 지정

자료: 국가균형발전위원회·산자부(2004), 변창흠(2005), 권오혁(2007)에서 재인용.

었는데, 이들은 주로 지역산업정책의 운영적 측면, 소프트웨어적 사업들이다.

후자의 지역 전략산업 육성은 지역의 특성과 강점에 입각한 산업 진흥이 이루어질 수 있도록 산관학연(産官學硏)의 유기적 연계를 통한 산업 클러스터의 개발이 주요한 전략적 과업이었다. 구체적 사업으로는 <표 2-1>에 보듯이, 지역 전략산업 육성, 기업도시 개발, 경제자유구역 및 지역특화 발전특구 등이었는데, 이들은 하드웨어 조성에 초점을 맞춘 사업들이다.

요컨대, 참여정부의 국가균형발전정책은 수도권 분산정책과 지역산업정책이 그 핵심을 이룬다. 지역산업정책은 지역혁신 체제의 구축을 통한 혁신 역량 강화와 지역 전략산업 육성을 위한 산업 클러스터 조성으로 집약될 수 있다.

이 중에서 특히 혁신 역량 강화를 위한 혁신 클러스터 사업은 기존의 생산 기능 중심의 산업단지와 연구 기능 중심의 단지(대덕)를 각각 연구개발 기능과 생산 기능이 유기적으로 접목되어

〈표 2-2〉 산업단지 클러스터 현황

클러스터명	주요 산업	비 고
창원	첨단기계	2004년 6월 지정
구미	디지털 전자	〃
울산	자동차 부품	〃
반월시화	첨단 부품 소재	〃
광주	광산업	〃
원주	첨단 의료기기	〃
군산	자동차·기계 부품	〃
대불	조선	2007년 11월 지정
남동	기계·전자 첨단부품	〃
성서	기계·전기전자 바이오헬스케어	〃
명지녹산	조선·기계 부품	〃
오창	전기전자·전지·반도체	〃

최대의 생산성을 발휘하는 혁신 클러스터로 개편하는 내용을 담고 있다. 혁신 클러스터사업은 대덕R&D특구, 산업단지 클러스터, 오송 생명과학단지를 육성하는 데 역량을 집중해 왔으며(국가균형발전위원회, 2005, 40-43), 이 중에서 산업단지 클러스터는 2004년 6월에 시범단지로 지정된 7개 단지와 2007년 11월에 추가로 지정된 5개 단지를 포함하여 모두 12개가 있으며, 원주 의료기기 클러스터는 2004년 6월에 지정되어 지금에 이른다. 산업단지 클러스터의 현황은 <표 2-2>와 같다.

3 국가균형발전정책에 대한 평가

참여정부는 2008년 초에 이미 종료되었지만, 참여정부가 국정과제로 추진했던 국가균형발전정책의 각종 사업은 일부는 차기 정부에서도 계속 추진 중에 있는 반면, 일부는 거의 시작도 하지 못하고 있다. 참여정부 중간에 또는 종료 후에 국가균형발전정책에 대한 평가들이 이루어졌지만 평가 결과는 긍정과 비판으로 갈린다.

긍정적 평가로는 우선 우리나라의 가장 큰 난제 중의 하나인 수도권 일극 집중의 문제를 해결하고자 정책적 결단으로 추진했다는 점과 지역발전정책의 초점을 산업 발전을 통한 고용 창출에 둠으로써 실효성 있는 정책을 선택했다는 점이다(권오혁, 2007: 18-20)

하지만 부정적 평가의 내용이 다수를 이루는데, 이를 요약해 보면 다음과 같다. 국가균형발전정책은 지방분권을 지향하지만 하향식 정책 추진에 따라 야기된 문제점에서 벗어날 수가 없었다. 사업계획은 지방자치단체에서 수립되었지만, 사업 선정·사업계획 승인·예산 지원·사업성과 평가 등이 모두 중앙부처에서 이루어짐으로써 사업 추진은 기본적으로 하향적이었다. 이로 인해, 각 지방은 정부 지원의 대상으로 선정되는 데 더 초점을 두고 지역 실정과 괴리된 사업을 추진함으로써 인력 및 예산 낭비 등 비효율을 초래했다.

지방자치단체는 기획 능력의 부족으로 타당성 있는 사업을 발굴하는 데 한계를 보여 주었으며, 지역혁신 체제의 잠재성과 현실을 간과한 채 첨단산업만 추진하는 성향을 보여 주어 발굴 사업의 지역 간 차별성이 높지 않았다.

또한 중앙부처별로 소관 국가균형발전정책을 추진했지만, 부처 간 협조와 조정이 미흡하여 시너지 효과가 낮고 예산이 낭비되는 문제점도 보여 주었다(이철우, 2007: 387-389).

지역혁신 체제에서 대학과 공공기관이 중심적 역할을 수행하고 기업과 연구기관 그리고 시민들의 참여 비중은 낮았다. 대학과 연구기관의 경우, 기술이나 혁신 역량이 낮아 산업적 효과를 창출하는 데 미흡했으며, 특히 비첨단산업의 지역에서는 대학과 연구기관이 기업에 큰 도움을 주지 못한 것으로 지적되었다(권오혁, 2007: 27). 또한 공공기관들은 시장 여건이나 기술 변화에 민감할 수 없기 때문에, 중심적 기관임에도 불구하고 한계를 보여 주었다.

지역혁신 체제에서 다양한 혁신 주체 간의 파트너십 형성이 매우 중요한 과제였지만, 이를 위해 만들어진 지역혁신협의회는 그 기능이 점차 유명무실했으며, "지역의 경제 성장과 고용 창출을 위한 성장연합으로 기능하기보다 오히려 지방에 주어진 자원의 배분에 참여하는 배분동맹으로 전락"하는 모습을 보여 주었다(권오혁, 2007: 23).

참여정부의 국가균형발전정책은 여러 해 동안의 노력에도 불구하고, 그 효과는 미진하다는 것이 총평이다. 하지만 이러한 부정적 평가 결과가 국가균형발전정책 자체의 문제점에 의한 것인지, 아니면 우리나라 정부의 일하는 방식의 문제점, 지방자치단체의 행정관리 능력의 한계, 지역 현실이 주는 한계 때문인지 명확하지 않다. 좀더 정확하게는 국가균형발전정책으로도 넘지 못하는 중앙과 지방 간의 문제 또는 지역의 사회경제적 여건의 한계에서 연유된다고 보는 것이 옳을 것 같다. 그리고 참여정부의 여러 국가균형발전정책은 단기간 내에 성과를 달성할 수 없는 사업이라는 점도 염두에 둘 필요가 있다.

4 이명박 정부의 지역발전정책

이명박 정부는 참여정부에서 국가균형발전정책의 추진기관이었던 국가균형발전위원회를 지역발전위원회로 개칭하며, 균형 발전보다는 지역의 글로벌 경쟁력에 더 초점을 두고 있다. 혁신도시 조성, 공공기관 지방 이전, 지역 산업전략 육성은 전반적으로 축소되거나 수정되었다. 오히려 수도권 규제 완화정책을 내놓고 있는데, 이러한 정책적 전환이 왜 필요한지에 대한 구체적 근거 제시는 미흡한 것으로 평가된다(김형빈, 2008: 314).

이명박 정부는 지역 발전을 위한 광역경제권 조성을 추진함으로써 새로운 실험을 하고 있다. 이러한 광역경제권을 기반으로 하는 접근법은 규모의 경제를 실현하고 인접 지역을 기능적으로 통합하여 인프라 구축, 산업 지원, 개발 투자에서 효율성을 제고할 수 있다는 장점을 지닌다.

하지만, 광역권별 1~2개 선도 산업 육성과 글로벌 유망 상품 개발에 목표를 두고 지역산업의 글로벌 경쟁력 제고에 치중하고 있기 때문에(삼성경제연구소, 2009) 지역의 균형 발전이나 특화 발전과 거리가 멀다는 점은 분명하다.

제 2 절 해외 의료기기 클러스터 사례

의료 클러스터는 국제적으로 많은 편이다. 하지만 의료기기만을 대상으로 형성된 클러스터는 독일의 튀틀링겐(Tüttlingen) 지역이 대표적이며, 다른 지역은 쉽게 떠올리기 어렵다. 최근 일본 고베(神戶)에서 의료산업단지를 육성하면서 의료기기도 중요 대상으로 포함되어 있다. 여기에서는 튀틀링겐과 고베를 대상으로 클러스터의 발달 과정, 주요 사업, 협력 체제 등의 현황과 성공 요인을 개략적으로 살펴보고 교훈을 찾고자 한다.

1 독일 튀틀링겐의 의료기기 클러스터[2)]

튀틀링겐 시는 독일 바덴뷔템베르크 주에 위치한 소도시로, 주변이 철광석 산지여서 300여년 전부터 철광산업을 중심으로 발전했으며, 19세기 중반부터는 칼과 핀셋 등 외과용 의료기기를 생산하는 산업으로 전환했다. 튀틀링겐 지역에 살고 있는 슈바빙(Swabian) 민족은 손재주가 뛰어나고 품질관리에 엄격한 민족성을 갖고 있어, 정밀 의료기기 산업에 적합한 것으로 평가되고 있다.

1867년에 브라운(Braun) 사가 튀틀링겐에 애스컬랩사업부(Aesculap Division)를 설립했는데, 브라운 사는 현재 50여 개국에 자회사를 갖고 있는 다국적기업이며 거의 모든 종류의 외과용 의료기기를 생산하고 있는 세계 제1의 기업이다. 이 밖에도 내시

2) 이 부분은 주로 한국산업단지공단(2004), 권영섭 · 안종천(2006)을 참조.

경으로 특화된 카를 스토르츠(Karl Storz) 사(종업원 1천 명 이상)를 비롯해 450여 개의 중소기업이 입주하여, 전 세계를 상대로 의료기기를 수출하고 있다. 생산되는 제품은 일반 가위, 핀셋 등 단순 외과용 의료기구에서 내시경, 임플란트 및 첨단 외과수술 기구까지 모든 제품을 망라하고 있다.

튀틀링겐 시는 현재 인구 3만 5천 명 규모로 작은 도시이며, 기업 지원기관들은 대부분 주변 지역에 위치한다. 지역 내에서는 수공업협회(Craft Associations), 직업훈련센터(Berufliches Bilungszentrum Tüttlingen: BBT), 정보 제공기관(Forum Medizintechnik), 공동 연구기관(Competence and Technique Centre for Minimally Invasive Surgery for Tubingen-Tüttlingen: MITT) 등과 같은 산학연 협력 체계가 구성되어 있으며, 기업과 대학, 병원, 연구소 간의 상호 협력과 네트워킹의 구심점으로 활동하고 있다.

튀틀링겐 클러스터에는 1인 기업에서 2천 명이 넘는 기업까지 다양한 규모의 기업들이 존재한다. 기업 간의 관계는 매우 긴밀한 것으로 알려져 있으며, 지역의 대기업을 중심으로 자생적 기술 개발과 납품 관계의 네트워크가 형성되어 있다. 중소기업들은 기업단체(Medicon 및 Martin)를 결성하여 공동 생산·공동 판매 시스템을 구축하고 있기도 하다. 교육훈련 및 기술 이전을 위해서는 지역 내에 대학이 없기 때문에 직업훈련센터를 설립하고 이를 통해 이론과 실무의 교육을 실시하고 있다(권영섭·안종천, 2006: 52).

튀틀링겐은 최근 동남아시아 등지에서 값싼 의료기기 제품을 생산하는 기업들의 거센 도전을 받고 있다. 이 밖에도 기술력의 고립, 자본력의 부족, 노동력에 기반을 둔 생산 구조, 기술과 시장 간의 취약한 연계로 인한 고립된 생산 구조, 대학 및 연구소의 부재 등이 당면한 문제점으로 알려져 있다. 이러한 문제점을 극복하기 위해 튀틀링겐 클러스터는 외국과의 OEM/ODM 계약, 내부 기술과 외부 기술의 융합, 제품군의 특성화, 지식기반 제품 및 공정으로의 전환, 대학-병원-연구기관-관련 산업 분야와의 상호 협력과 네트워킹 강화, 전 세계를 상대로 한 정보 수집과 교류 등 새로운 활로로 모색하고 있다(권영섭 · 안종천, 2006: 52).

튀틀링겐 클러스터의 특징은 지역 내에 의료기기 산업이 자연 발생적으로 집적될 수 있도록 하는 데 유리한 역사적 · 인구 구성적 배경을 갖고 있다는 점, 애스컬랩과 같은 세계 굴지의 기업이 선도적 기관으로 역할을 수행하고 있다는 점을 들 수 있다. 애스컬랩의 교육연구센터는 지역 내 지식 네트워크의 중심으로 기여하고 있기도 하다. 튀틀링겐 지역의 우수한 자연환경, 질 높은 교육환경, 탁아 시스템과 같은 좋은 생활환경이 우수한 인력과 기업을 유치하는 데 크게 기여해 왔다는 점이 또 다른 특징이다. 또한 정부의 지원도 중요한 역할을 했는데, 튀틀링겐 시는 부시장을 팀장으로 20여 명이 근무하는 기업 지원 전담부서를 운영하고 있다.

또한 소도시의 한계를 극복하기 위해 인근 지역의 대학 및 병원과 네트워크를 구축하여 교육이나 판로 개척의 문제를 해결했다. 튀틀링겐 시의 경우, 대학이나 연구기관이 반드시 입지해 있지 않더라도 성공할 수 있음을 보여 주는 사례이다.

이 밖에도 튀틀링겐에서는 전통산업의 경우 암묵적 지식의 전수를 가능하게 하는 장인(匠人) 시스템이 여전히 작동하고 있다. 또한 고객-기업-지식기관 간의 상호 협력이 원활하기 때문에, 이를 통해 고객이 필요로 하는 제품을 기업이 쉽게 파악하고, 이를 개발하기 위한 기업과 지식기관 간의 연구 협력이 잘 이루어지고 있다. 이런 점들이 인구 3만 5천 명의 도시가 세계적 클러스터로 발전할 수 있게 만든 중요한 요인들이다(권영섭 · 안종천, 2006: 53).

2 고베 의료산업단지[3)]

1995년 1월 7일 발생한 고베(神戶) 대지진으로 붕괴된 지역경제를 복구하기 위한 경제부흥계획의 일환으로 의료산업단지 구축이 추진되었다. 2000년 1월 조성 공사가 시작되었고, 고베 시 해안의 신규 매립지를 이용해서 일본 최초로 클러스터 형식을 시험 도입했다.

간사이(關西) 지역과 고베 시가 지역 자산으로 갖고 있는 선진 운송 시스템, 지적 인프라, 의학 관련 산업의 선진 기술, 아시아 지역과의 협력 교류가 용이한 위치 등이 이 산업단지의 기반이 되고 있다.

고베 의료산업단지의 발전 방향으로 의료산업의 핵심인 임상연구에 초점을 두었으며, 임상시험, 세포 및 유전자 치료, 의료기기를 세부 분야로 선정했다. 고베는 이제 신약 개발 및 의료기기의 대표적 클러스터로 알려졌으며, 2008년의 한 연구에 따르면 100여 개 관련 기업과 기관이 입주해 있고 이 중 외국 기업도 7개국 13개 사에 이른다(김종호, 2008: 11).

고베 의료산업단지의 중심기관을 보면 다음과 같다. 기초연구 및 의학 연구를 담당하는 기관으로는 RIKEN Center for Developmental Biology가 있는데, 이 기관은 기초적 발생생물학뿐만 아니라 줄기세포 연구, 재생의료 연구를 수행하며, 기초연구기관으로서 고베대·오사카대(大阪大)·교토대(京都大)와 같은 인근 대학들과 연구 협력하여 지식을 창출하는 동시에 전문 인력

3) 이 부분은 한국산업단지공단(2004), 한국보건산업진흥원(2006)을 주로 참조했다.

을 양성하는 기능을 담당한다.

또한 기초연구 결과의 임상 응용을 지원하기 위해 임상연구정보센터(Translational Research Informatics Center: TRI)가 있으며, 이 센터는 연구 지도의·생물 통계학자·시스템 엔지니어·데이터 매니저·연구 코디네이터(약제사, 간호사)·DB 개발자 등의 전문가로 팀을 구성하여, 각종 질병에 대한 표준 치료 혁신, 새로운 진단·치료·예방법의 개발, 임상정보 데이터베이스 구축·유지, 질병 관련 유전자 추출·정보 해석 수법의 개발 및 표준화, DNA 진단 시스템의 개발 지원 및 실용화 등을 지원하기 위한 정보 거점의 역할을 담당한다.

또한 첨단의료진흥재단(Institute of Biomedical Research and Innovation: IBRI)은 클러스터의 사무국 기능을 수행하며, 산·학·관의 제휴에 의해 첨단 의료 연구의 산업화를 지원하고 있다. 의료기기뿐만 아니라, 의약품과 재생 의료의 임상 응용 분야에서 기초연구의 실용화를 지원하고 있다. 의료기기 연구개발의 지원도 중요한 기능 중 하나이다. 의료기기의 연구개발은 의료용 기기개발연구회를 중심으로 진행되고 있으며, PET카메라, 오픈형 MRI, CT라이넥 등 첨단 고가장비의 개발이 포함된다.

고베 의료산업단지가 단기간 내에 성장하게 된 이유는 오사카·교토·고베 인근 대학을 중심으로 풍부한 고급 연구 인력이 존재하며, 공항 건설 및 모노레일과의 연계와 같은 최고의 인프라 구축 등이다. 의료기기와 관련해서는 첨단 IT 및 광산업의 우수한 기초 기술이 의료기기에 접목될 수 있고, 도시바·올림푸스와 같은 세계 굴지의 의료기기 업체들이 다수 참여하고 있다는 점이 의료기기 연구 개발에 우수한 기반을 제공해 주고 있다.

하지만 고베 의료산업단지는 RIKEN Center for Developmental Biology의 기술 창출 확산이 아직 미흡하고, 막대한 비용을 투자하여 연구시설과 인프라를 잘 갖추었지만, 이를 운영하는 전문 인력이 부재하여 이들 인프라를 잘 활용하지 못하는 것으로 평가되고 있다. 또한 클러스터 내에 연구 중심의 병원이 아니라 진료 중심의 병원이 주를 이룸으로써 병원의 역할이 미미하다. 또한 기업체·연구소·병원 간의 네트워크 형성이 제대로 이루어지지 않아 연구기관에서 창출된 지식이 병원이나 임상시험센터를 통해 기업체로 연결하는 연결고리가 미흡하다는 점이 문제점으로 지적되고 있다.

3 해외 의료기기 클러스터로부터의 교훈

튀틀링겐과 고베의 공통점은 애스컬랩, 도시바, 올림푸스 같은 세계적 대기업이 입지하여 지역 내 기업들의 주요 고객이 되어 주는 동시에 클러스터를 이끌어가는 구심적 역할을 수행한다는 점이다. 이 두 지역의 사례는 선도 기업의 유치, 스타 기업의 육성을 통해 집적 수준을 강화하고, 지역 내 기업 간의 연계를 강화함으로써 상호 학습의 기회를 갖게 하는 것이 매우 중요하다는 점을 보여 준다.

또한 이 지역들은 우수한 생활 여건, 양질의 교육환경과 안정된 지역 인프라를 갖춤으로써 우수 전문 인력을 확보하는 데 어려움이 없으며, 지역의 이점과 자산을 지혜롭게 활용하는 모습도 발견된다. 고베의 경우 우수한 인프라, 연구시설을 보유하고 있음에도 불구하고, 전문 인력의 부족으로 이의 활용 수준이 아직 낮다고 하는 점은 시사하는 바가 크다.

클러스터는 해당 분야에서의 선도적 기업과 전문기술 인력의 지역적 네트워크라고도 표현할 수 있는데(권오혁, 2007: 29), 위의 두 사례도 선도 기업의 유치와 전문 인력의 확보가 매우 중요하다는 점을 입증해 주고 있다.

제 3 절 원주 의료기기 클러스터의 형성과 역사적 발전

지방자치 시대의 개막은 분권과 참여에 입각한 지방정치의 실현뿐만 아니라, 지역경제 활성화를 통한 지역 주민의 삶의 질 향상을 중요 과제로 만들었다. 지방은 관할 내의 자원 활용과 구성원의 염원을 담아 자립적 · 자생적 지역 발전을 추구해 나가지 않을 수 없게 되었다.

강원도 제일의 도시 원주도 예외는 아니며, 그간의 군사도시의 오랜 이미지를 벗고, 미래 지향적이며 강원도의 중심축으로서 더욱 발전해 나가고자 하는 일이 자치단체장을 비롯한 지역민들의 숙원이었다. 이러한 열망과 자립 의지의 결실로 1990년대 후반 의료기기산업을 새로운 지역 발전의 동력으로 설정하고, 첨단 의료기기 산업도시로 재탄생코자 하는 노력을 지난 10여 년 동안 지속적으로 추진해 왔으며, 이제는 전국에서 가장 성공적인 지역 발전의 모형 중 하나로 평가받고 있다.

원주 의료기기산업은 1990년대 후반 거의 무에서 시작, 다른 지역에 비해 괄목할 만한 성과를 이룩했다. 이러한 성과는 벤치마킹의 대상이었으며, 지난 10여 년 동안의 발전 과정과 성공 요인에 대한 문의가 끝없이 이어졌다. 태동한 지 10년을 조금 넘었기 때문에 성공이라고 단정하기에는 시기상조이지만, 국내의 다른 산업 클러스터와 비교해서 상대적으로 우수한 결과를 보여 주고 있는 것만은 사실이다.

하지만, 원주 클러스터의 규모는 상대적으로 작고 아직도 해결해야 할 많은 과제들을 안고 있음을 인정하지 않을 수 없는 것이 현실이다. 그럼에도 불구하고, 원주 의료기기 클러스터는 어떤 과정을 거쳐 발전해 왔으며, 발전 과정에서 어떤 요인들이 성과에 기여했는가를 체계적으로 고찰하는 것은 매우 의의 있는 일이다. 이러한 연구는 학문적으로뿐만 아니라 실무적으로도 원주 의료기기 클러스터에 대한 이해와 향후 발전전략을 모색하는 데 기여할 것이다.

따라서 이 절에서는 기존 문헌 연구를 통해 클러스터의 발전 단계를 규명하고, 단계별 특성과 주요 활동을 도출하고, 이에 입각하여 원주 의료기기 클러스터의 발전 과정의 동태적 모습을 서술하고자 한다. 원주 의료기기 클러스터의 발전 과정과 이 과정에서 중요한 참여자들이 발휘한 리더십과 역학 관계의 변화, 그리고 중요한 쟁점을 둘러싼 대립 구조 등을 객관적으로 평가하는 것은 한국의 지역 발전은 물론 클러스터 정책에 새로운 교훈을 줄 것으로 기대된다.

이 절에서 원주 의료기기 클러스터의 형성 및 역사적 발전에 관한 주요 내용은 클러스터 내 중요한 산·학·연·관의 참여자들을 대상으로 실시한 면접조사의 결과에 입각하고 있다. 원주시 및 강원도 지방정부 관계자, 대학, 기업체 및 기타 유관 기관 관계자들과의 심층면접의 결과를 토대로 이들 피면접자의 공감대를 해석하고 분석하는 해석적 연구 방법을 활용했다. 이 밖에도 클러스터에 대한 일반 문헌자료뿐만 아니라 원주 의료기기 클러스터 관련 테크노밸리의 각종 보고서 등 내부 자료를 활용했다.

1 클러스터의 발전 단계 모형

클러스터는 하나의 유기체이며 진화 과정을 거친다. 즉, 클러스터는 동적으로 끊임없이 변화하는 존재이다. 또한 클러스터가 일단 형성되고, 지역의 각 기관들이 참여할 때 스스로 성장하고 발전하는 생애주기를 갖는 네트워크이다(Porter, 1998).

이처럼 클러스터의 동태성을 인정하고 발전 단계적 시각에서 접근하는 것은 몇 가지 유익을 준다. 우선 클러스터를 태동·성장·쇠퇴의 관점에서 보기 때문에, 발전과 성장을 다룰 수 있게 하며, 단계의 진전에 따라 클러스터의 구조와 상호작용이 어떻게 복잡해지며, 어떻게 변화 발전하는가를 보여 준다. 단계별로 클러스터 내 복잡성의 수준이 다르며, 성과의 기준과 요인도 달라진다. 클러스터에 대한 정부 정책 개입의 유형과 수준도 단계별로 달라져야 하는데, 단계별 접근은 이러한 차이에 대한 인식에 도움을 준다.

한편, 클러스터에 대한 생애주기적 관점이 있는데,[4] 이는 클러스터의 기원, 발전 과정, 장기적 발전전략 예측에 대한 이해를 제고해 주는 장점을 지닌다(Aziz & Norhashim, 2008: 366). 이는 장기적으로 클러스터의 성장뿐만 아니라 실패 또는 쇠퇴까지도 다루므로, 클러스터의 흥망성쇠를 모두 포괄할 수 있다.

많은 클러스터가 각 국가와 지역과 산업의 특수성을 토대로 발전하고 있기 때문에 발전의 궤적은 다양하다. 하지만 다양성에도 불구하고 성공적 클러스터로의 발전 과정은 공통의 특성을 지닌다. 발전 단계 모형은 이런 공통점에 출발한다.

클러스터에 대한 초기 연구에서 클러스터의 발전 단계는 생성(birth), 진화(evolution), 쇠퇴(decline)의 세 단계로 간단히 구분되었다(Porter, 1998: 84). 한편, 클링크와 랑겐(Klink & Langen, 2001)은 산업 클러스터의 생애주기를 발전기(development), 확장기(expansion), 성숙기(maturity), 전이기(transition)의 네 단계로 구분하고, 생애주기에 입각한 동태적 클러스터의 개념에서 네

4) 클러스터에 대한 생애주기(life-cycle)적 관점은 발전 단계적 접근과 동일한 것으로 간주된다.

덜란드 조선산업의 사례를 분석하고 있다. 영국의 DTI(2005: 11-12)도 클러스터의 발전 단계를 태동기(embryonic), 구축기(established), 성숙기(mature), 쇠퇴기(declining)의 네 단계로 구분하고, 각 단계마다 성공 요인이 다르며, 정부의 개입 전략도 상이해야 한다는 점을 강조하고 있다.

아지즈와 노하심(Aziz & Norhashim, 2008: 366)은 최근 연구에서 클러스터의 생애주기를 좀더 세분화하여, [그림 2-1]과 같이, 이전 단계(antecedence), 태동기(embryonic), 발전기(developing), 성숙기(mature), 전환기(transformation), 쇠퇴기(declining)의 6단계로 나누고 있다.

클러스터의 태동 이전의 단계를 생애주기에 포함시키는 것이 가능하다고 본다. 클러스터의 생성이 갑작스런 표출이 아니라는 점에서 이전 단계의 중요성이 인정된다. 하지만 이를 독립적인 단계로 구분해 낼 것이냐 여부는 필요에 따라 고려해야 할 것이다.

또한 아지즈와 노하심(Aziz & Norhashim, 2008)은 전환기와

[그림 2-1] 클러스터의 생애주기

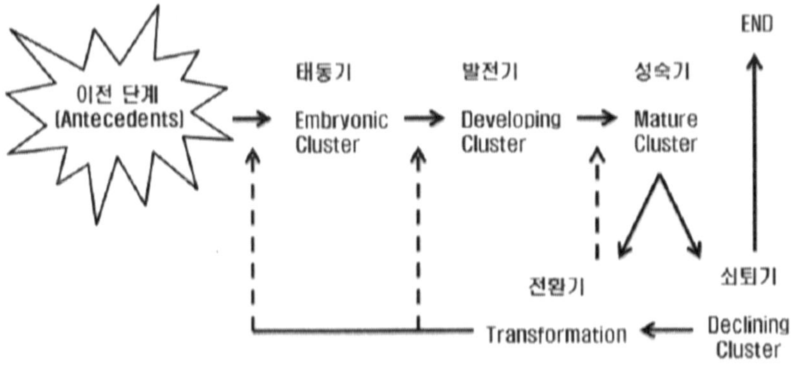

자료: Aziz & Norhashim(2008).

쇠퇴기를 구분하고 있지만 엄밀한 의미에서 이들은 양자 선택(either or)의 단계이다. 즉, 쇠퇴하느냐 그렇지 않으면 전환하여 새로운 클러스터로 도약하느냐 둘 중 하나의 단계로 진전될 것이다. 쇠퇴기와 전환기의 내용과 특성은 다르지만 성숙기의 다음 단계라는 점에서는 동일하다.

따라서 클러스터의 생애주기는 논자들에 따라 다양한 단계 모형이 제시되고 단계별 명칭 표현도 다소 상이하지만, 아지즈와 노하심(Aziz & Norhashim, 2008)의 여섯 단계 모형을 근간으로 할 수 있다. 특히 이 모형은 클러스터 이전 단계까지를 생애주기에 포함시키고 있는데, 한국과 같이 클러스터의 대부분이 역사가 일천하고 아직도 형성 또는 성장 단계에 있는 경우, 초기 발전 과정에 대한 좀더 상세한 분석의 의미는 크며, 따라서 이 글에서는 이전 단계를 인정하며 분석에 포함시키고자 한다. 반면에, 같은 이유에서 쇠퇴기 및 전환기의 의미는 상대적으로 낮다고 보며 여기에서는 고려 대상에서 제외했다.

여기에서는 원주 의료기기 클러스터의 발전 단계를 태동기, 기반 구축기, 성장기, 성숙기의 네 단계로 나누어 고찰하고자 한다. 기존 연구(Aziz & Norhashim, 2008; DTI, 2003)들을 참조하여 각 단계를 구분해 보면 다음과 같다.

태동기는 클러스터 이전 단계를 포함하며, 클러스터의 출현을 촉발시켰던 힘(impetus)과 요인을 보여 주는 기간이다. 기반 구축기는 클러스터가 생성되어 성장의 잠재력을 보여 주는 시점까지이며, 초기 생성 단계에서 집적의 징후를 보여 주고 행위자들에게 이익이 발생하며, 연계와 네트워크가 형성되기 시작하는 단계이다. 성장기는 앞 단계에서 구축된 기반을 바탕으로 계속 성장하는 단계인데, 이때는 경제적 성과가 드러나고, 클러스터 입주 기업의 수가 임계치(critical mass)에 도달하고 클러스터 안에서 연계가 활발할 뿐만 아니라 외부기관과의 연결도 점점 확대되는 단계이다. 성숙기는 클러스터가 정점에 도달하여 안정적이고 더 이상 성장이 어려운 단계를 말한다. 이때는 핵심 산업이나 기술이 성숙한 수준에 있게 된다.

쇠퇴기에는 클러스터가 신성장 동력이나 재활성화를 위한 요인(예: 전략, 신규 진입자 등)을 찾지 못함으로써 집적은 해체되고, 행위자들은 더 나은 규모의 경제를 주는 클러스터로 이동하게 된다. 쇠퇴의 극복을 위해서는 전환 단계가 필요한데, 전환기에서는 신성장 요인(예: 신규 진입자, 신기술, 새로운 시장 등)을 중심으로 행위자들이 모이게 된다. 기존의 일부 행위자들이 빠져나가겠지만, 임계치를 유지함으로써 클러스터의 생애주기에 재진입하게 된다.

생애주기에 따라 단계별로 클러스터 내에서 무엇이 어떻게 변화 발전하는가에 대한 논의는 매우 다양하다. 여기서는 몇 가지 문헌을 중심으로 발전 과정의 내용들을 정리해 보고자 한다. 이들이 구성한 클러스터 발전 단계별 주요 활동과 특징을 종합해 보면 <표 2-3>과 같다.

카펠로(Capello, 1999)는 산업단지 내의 지식 이전과 이의 수단으로서 집단학습(collective learning)에 초점을 두고, 집단학습의 주요 경로(channels)로 간주하고 있는 단지 내 노동력의 이동, 기업 간 혁신적 협력, 단지 내 분리창업(spin-offs)의 모습에 따라 산업지구의 발전 단계를 1) 단순 집적지(simple geographical proximity), 2) 산업지구(industrial districts), 3) 혁신지구(milieu innovateur)로 구분하고 있다. 또한 단순 집적지는 전문화지구(specialized area)를 거쳐 산업지구로, 산업지구는 학습지구(milieu characterized by the presence of collective learning)를 거쳐 혁신지구로 진화된다고 한다.

카펠로(R. Capello)에 따르면, 단순 집적지는 단순한 지리적 인접성에만 머물지 않고 입주 기업들 간의 상호작용과 지역에 특화

〈표 2-3〉 클러스터의 발전 단계별 특성

발전 단계	태동기	기반 구축기	성장기	성숙기
특징	클러스터 출현 촉발	성장잠재력 과시 집적 징후 행위자 이익 발생	지속적 성장 가시적 경제효과 임계치 도달	정점 도달 안정적 산업·기술 성숙
카펠로의 인접성	지리적 인접성 특화기술 보유	기업 간 연계	조직 간·문화적 인접성 상호 신뢰 형성	안정적 혁신 시너지 집단학습 이익 창출
스완의 기반구조	연구기반 구축 기술 확보	제품의 상용화 참여 기업 확대	지원기관의 설립 혁신 역량 증가	네트워크 확대 사업 분야 다양화
가치사슬의 특성	기업 간 가치사슬 모색	기업 간 가치사슬 형성	가치사슬에서 기업 전문화	가치사슬에서 안정적 역할
전략적 관계	전략적 관계 모색	전략적 관계 형성	전략적 관계 강화	전략적 관계 압박
상호협력 영역	연구 기반 구축, 일상 업무	연구개발, 표준화	연구개발, 교육, 마케팅, 인프라 공유	연구개발, 교육, 마케팅
성공 결정 요인	지역 자원 및 노하우, 비전과 리더십	지역 자원 및 노하우, 내수시장의 존재	지역 자원 및 노하우, 투자자본	지역 노하우, 지역화와 세계화 간 균형
클러스터 동태성	신규 진입자 발생 퇴출자 없음	신규 진입자 증가 퇴출자 없음	신규 진입자 증가 퇴출자 없음	신규 진입자 감소 퇴출자 발생
정부 역할	지역 자원 및 노하우에 관한 홍보	지역 노하우에 관한 정보 제공 상호 협력 조장	아웃소싱과 시장 확대 지원	부품 공급업체 전문화 상호 협력 지원

자료: Capello(1999); Swann(1996); Klink & Langen(2001)을 참조하여 재구성.

된 전문기술의 유지 보존을 위한 노동시장의 안정성이 보장될 때 전문화지구로 발전할 수 있다. 또한 전문화지구는 조직적 및 문화적 인접성이 추가될 때 산업지구로 발전한다. 조직적 및 문화적 인접성은 상호작용과 신뢰를 바탕으로 구성 주체들 간의 관계를 질적으로 향상시켜 준다. 나아가서, 구성 주체들 간의 상호 협력과 지식 이전이 단순 연대나 상호작용 수준이 아니라 혁신적 시너지와 능력(innovative synergy and capacity)으로 전환될 때, 산업지구는 학습지구가 될 수 있으며, 학습 지구는 집단학습으로 특징지어진다. 그리고 최종 단계인 혁신지구는 집단학습이 이익을 창출하는 정도까지 발전할 때 실현된다.

카펠로의 이러한 산업단지의 발전에 따른 구분은 지리적·조직적·문화적 인접성의 개념을 이해하고, 인접성의 유형과 정도에 따라 클러스터 내에서의 학습과 혁신이 달라지는 과정을 이해하는 데 도움을 준다.[5)]

반면 스완(Swann, 1996)은 연구기관 중심의 클러스터가 발전하는 과정을 소개한다. 클러스터는 기술의 발전이나 새로운 혁신 기법 또는 새로운 클러스터의 등장으로 변화가 촉발되는데 이러한 변화는 주로 연구기관에서 주도되는 경향이 있다. 스완(G. P. M. Swann)은 기존의 클러스터를 중심으로 한 사례를 검토하고 이러한 발전 과정을 6단계로 구분하여 가설적으로 제시하고 있다. 그는 클러스터의 발전 과정이 다단계로 구분되고 그 발전 과정도 다양한 방식으로 전개되므로 클러스터에 대한 정책적 처방도 각각의 단계에 적합하게 제공되는 것이 바람직하다고 주장한다.[6)]

스완(Swann, 1996)이 제시한 6단계 중에서 첫 번째 단계는 연

---

5) 카펠로(Capello, 1999)의 인접성 개념에 따른 클러스터 발전 단계의 논의는 제5장에서 분석되고 있다.

6) 예를 들어 클러스터 발전의 초기에는 정부가 적합한 기술과 수요조사를 위주로 한 시장조사를 지원하는 역할이 적합하며 후기에는 외자 유치 또는 네트워킹의 지원 등의 역할을 수행하는 것이 적합하다. 여기서 스완(Swann, 1996)의 내용은 유평준·한상일(2007)에 발표된 내용을 그대로 재인용했다.

구기관에서 새로운 기술을 확보하는 시기이다. 새로운 기술은 새로운 시장을 개척하고 클러스터의 발전을 위한 토대가 된다. 따라서 특정한 지역에서 발전하는 클러스터는 그 지역에 입지한 연구기관에서 보유한 기술적 핵심 역량에 의해 결정되는 경향이 있다.

두 번째 단계는 연구기관에서 기술을 제품으로 만들어 상용화하는 시기이다. 기술이 상용화되는 과정은 다양할 수 있다. 내부적으로 상용화를 시도할 수 있고, 제3자를 통해 상용화될 수도 있다.

세 번째 단계는 개발되어 상용화된 기술을 토대로 기업들이 증가하기 시작하는 시기이다. 비로소 작지만 본격적인 의미의 클러스터가 형성되기 시작하는 시기이다. 그러나 고용이나 산업에서의 비중은 비교적 낮은 단계에 머물기 쉽다.

네 번째 단계는 전문적인 지원기관이 등장하여 클러스터의 운영을 위한 서비스를 본격적으로 제공하기 시작하는 시기이다. 이러한 기관이 등장하면서 전체 클러스터의 혁신 역량이 증가한다. 더불어 클러스터가 보유한 기술 수준이 한층 발전하고 참여하는 기업도 확대되기 마련이다.

다섯 번째 단계는 기업들이 성장하고 자체적으로 혁신을 실천하는 단계이다. 이 단계에서는 기업 간 협의체가 활성화되며 비공식적인 네트워크가 발전해 나간다. 기업의 혁신 역량이 다른 기업 간의 협력과 학습의 과정에서 발전하기 때문에 이러한 협의체의 발전이 중요하다.

마지막 단계는 기업들이 매우 성숙하여 스스로 사업의 다각화에 나서는 시기이다. 대학과의 연계나 다른 기술 제공자와의 연계도 좀더 향상된다. 즉 클러스터의 본질인 비즈니스 모형이 확립되면서 기업이 클러스터의 발전을 견인하는 단계가 가장 성숙한 단계이다.

스완(Swann, 1996)은 클러스터가 발전할 때 발생하는 주요 활동을 상세하게 제시하고 일련의 과정으로 설명했다는 의미를 남긴다. 그러나 모든 클러스터가 반드시 순차적인 발전 과정을 따르는 것은 아니다. 현실적으로 각각의 단계가 중첩되어 나타날 수 있으며, 따라서 발전의 단계를 좀더 광범위하게 재구성하는 것이 적절하다.

영국의 DTI(2003: 12)는 클러스터의 생애주기를 강조하면서, 클러스터의 생애주기는 생산제품의 생애주기를 반영한 것이며, 실제는 매우 복잡한 양상으로 태동하여 변화 발전해 나간다는 점을 지적하고 있다. 생애주기의 단계별로 상이한 정책 개입이 필요한데, 기반 구축기에는 정부의 역할은 협력 활동(collaboration)을 조장하고 정보중개자로 역할을 수행해야 하는데 비해, 성숙기에는 이런 역할이 불필요하며 클러스터의 고착화를 방지하기 위해 개방과 혁신을 강조하는 역할이 요구된다. 정부의 정책 개입은 사실상 모든 단계에서 필요하며, 다만 개입의 강도와 양태가 단계별로 달라질 수 있다.

클러스터의 성공 요인으로 네트워크와 파트너십 형성이 중시되고 있는데, 기반 구축기에는 네트워크와 파트너십을 구축하고 정착을 지원해야 하며, 성숙기에는 기업 간의 상호 활동이 활발히 이루어질 수 있도록 조장해야 하며, 쇠퇴기에는 악화되는 시장 조건이나 잠재적 위협에 대응하기 위한 파트너십이나 네트워크 형성이 요망된다(DTI, 2003: 28).

클링크와 랑겐(Klink & Langen, 2001)은 동태적 클러스터의 개념에 입각하여 클러스터의 발전 단계를 체계화하고 이에 의거하여 네덜란드 조선산업의 사례를 분석하고 있다.

태동기는 클러스터의 출현을 촉발하는 기간이다. 중심 기관들의 인접성과 상호 협력 모색이 발생하며, 무엇보다도 지역특화 기술의 존재 여부가 관건이다. 특화 기술의 연구 기반이 구축되고, 관련 기업의 보육 또는 유치가 이루어진다. 초창기에 핵심 인물의 비전과 리더십이 성공의 관건이며, 신생 클러스터를 생존시키기 위해 지역이 갖고 있는 자원과 노하우에 대한 홍보에 매우 적극적이어야 한다.

기반 구축기는 기업에 도전을 주는 기간이다. 시장의 수요에 대응해서 상품을 개발해야 하는 기간이기 때문이다. 따라서 인근 기업의 제품과 서비스가 필요하기 때문에, 기업 간에 가치사슬이 형성되고, 전략적 관계가 형성되는 기간이다. 기반 구축기에 상호 협력이 주로 일어나는 영역은 연구개발 분야와 표준화 영역이다. 이 시기에 성공하기 위해서는 지역의 노하우와 자원의 이용 가능성이 매우 중요한데, 이는 새로운 기업을 끌어들이고 클러스터 내 기업의 경쟁력을 향상시키는 요소이다. 또 다른 성공 요인으로는 내수시장에서 수요의 존재 여부이다. 내수 수요는 신상품 개발을 촉진하고 새로운 생산 방법의 도입을 자극한다. 지역의 자원과 노하우, 내수 수요의 존재는 클러스터에 새로운 기업의 진입을 유도한다(Klink & Langen, 2001: 452-454).

성장기의 클러스터에서 기업들은 내수 시장에서 성공하며 해외시장의 진출을 위해 계속 팽창한다. 상호 협력은 연구개발뿐만 아니라 교육과 마케팅에서도 필요한데, 공동 마케팅은 특히 해외시장 진출을 위해 요구된다. 이 기간에 생산 과정이 개선되고, 상품의 종류는 더욱 확대된다. 규모의 경제를 이루기 위해, 상호 협력을 통한 인프라 공유가 있게 된다. 성장기에 성공하기 위해서는 지역의 자원과 노하우가 여전히 중요하며, 지속적인 금융 지원을 위한 투자자본의 이용 가능성이 확보되어야 한다. 성장기이기 때문에 기업의 신규 진입은 계속된다.

성숙기에는 기업의 생산 품목과 생산 판매의 패턴이 안정화된다. 클러스터 내 기관 간의 상호작용도 안정적이 된다. 상호 연합이 형성되면서, 이들은 클러스터의 현상 유지에 초점을 맞추어 행동한다. 상호 협력은 교육과 연구개발, 마케팅에서 이루어진다. 경쟁이 많은 영역에서 발생하며, 경쟁의 정도도 맹렬하다. 클러스터 내 기업들은 시장에서의 현재 지위를 유지하기 위해 경쟁한다. 이 기간에 지역 지향성(local orientation)과 세계 지향성(global orientation)의 균형을 이루는 것이 클러스터의 장래를 위해 매우 중요하다. 소수 기업들은 시장 지배적 위치를 차지하면서, 홀로서기를 위해 클러스터를 떠날 수도 있다. 성숙기에 클러스터의 통합이 약화되는 경험을 겪게 되는데, 이는 세계 지향성 때문이다. 한편, 지역 지향성이 강할 경우 새로운 발전의 기회를 놓치는 경우가 발생하기도 한다.

이러한 발전 단계의 구분과 단계별 특성은 현실을 단순화 내지는 정형화시킨 것이다. 현실적으로 클러스터에 따라 그대로 적용되는 부분도 있고 그대로 적용되지 않는 부분도 있을 수 있다. 또한 발전 단계가 순차적으로 진행하기보다는 복합적으로 단계 간의 경계가 명확하지 않은 가운데 진전될 수도 있다. 그러나 클러스터의 발전 단계 모형은 클러스터의 생성, 발전 및 성장하는 과정을 이해하는 데 도움을 준다. 따라서 이러한 발전 단계 모형을 기반으로 원주 의료기기 클러스터의 발전 과정을 구체적으로 고찰해 보고자 한다.7)

2 태동기(1997~1998)

1) 개 요

원주 의료기기 클러스터의 태동기에 연구 기반의 구축은 주로

---

7) 발전 과정에 대한 내용의 상당 부분은 저자들이 편집위원으로 참여했던 원주 의료기기 테크노밸리(2007), 『원주 의료기기산업 10년의 발자취』에 담긴 내용들을 인용·참고하고 있음을 밝힌다. 좀더 자세한 내용은 위의 책에 담겨 있다.

원주시에 입지한 연세대학교 원주캠퍼스 의공학 전공의 주도하에 진행된다. 1978년 10월 전국 최초의 의공학 전공이 이 대학교 보건학과 내에 개설되면서 교수의 충원이 이루어졌고 자구적인 발전 모형의 형성을 위해 1995년 3월에 의공학연구소가 설립된다. 이들은 전공이 창립된 지 10여 년이 지난 후 발전 방향을 나름대로 설정하고 발전의 전략을 구체적으로 모색한다.

근 20년 간의 연구로 인해 상용화가 되기 직전의 연구 성과가 이미 축적되어 있었다. 한 참여기업 임원은 인터뷰에서 "기업이 편리했던 것이 이미 상용화 직전의 기술이 있었기 때문에 그 기술을 그대로 제품으로 만들기만 하면 되는 상태"(2007년 7월 20일, (주)메디아나 K부사장)였기 때문이라고 설명한다.

원주시는 1997년에 전혀 기반이 없었던 의료기기 산업에 관심을 갖고 중앙정부의 지원을 받고자 통상산업부가 주관하는 테크노파크 사업에 지원 신청했으나 실패한다. 결국 자체적으로 첨단 의료기기 산업을 지역 발전의 동력으로 구상하고, 1998년에 창업보육센터를 개소하고 인근 농공단지 내에 생산공장 시설을 매입하기 시작한다. 이러한 시도는 중앙정부의 지원을 도모하다 좌절된 이후 지방자치단체 스스로 착수한 노력으로서 현재 원주 의료기기 산업 발전의 토대가 되었다. 지역대학교의 연구 기반과 지방자치단체의 산업 발전 욕구가 결합되기 시작한 시기로서 주요 행위자는 연구기관과 지방정부의 주요 의사결정자였다. 이들은 매우 개척적인 의식을 갖고 새로운 산업 발전을 주도하는 역할을 맡아 리더십을 발휘하기 시작한다.

2) 행위자 사이의 관계

이 연구의 발전 단계에 의하면 전문화는 연구기관이 원천 기술을 마련하고 상용화하는 것을 주도하는 단계로 규정된다. 원주 의료기기 클러스터의 경우 많은 활동이 연구기관에 의해 주도된 것이 사실이지만 지방자치단체의 지원도 매우 중요한 역할을 했다. 특히 당시 원주시장 K씨는 연구 기반을 상용화하는 과정에서 필요한 창업보육센터를 설립하는 것을 재정적·법률적으로 지원했다. 나아가서 첫 번째로 제품 상용화에 성공한 기업들의 제품 생산 활동을 위한 생산공장 부지의 매입과 공단 조성에도 착수한다.

이때 연세대학교의 Y교수와 K시장 사이에는 강한 협력 관계가 형성되었는데 두 사람 사이에는 아무런 인적 연계가 없었다. 단지 지역 산업 발전에 대한 공감대만을 공유하고 있었다. 당시에 의료기기 업체는 전혀 없었으며 대학본부의 경우 원주 출신이었던 총장의 지원이 국책사업인 테크노파크 사업 지원 시 부분적으로 제공되었다. 그리고 시장의 강한 지원에 비해 시의회는 기관의 특성상 기반이 전혀 없는 산업에 투자한다는 점에서 소극적이거나 다소 부정적인 반응을 나타내었다. 따라서 시의회의 지원은 시장과 공무원들의 설득으로 극복했다.

[그림 2-2] 태동기의 주요 행위자들의 협력 관계

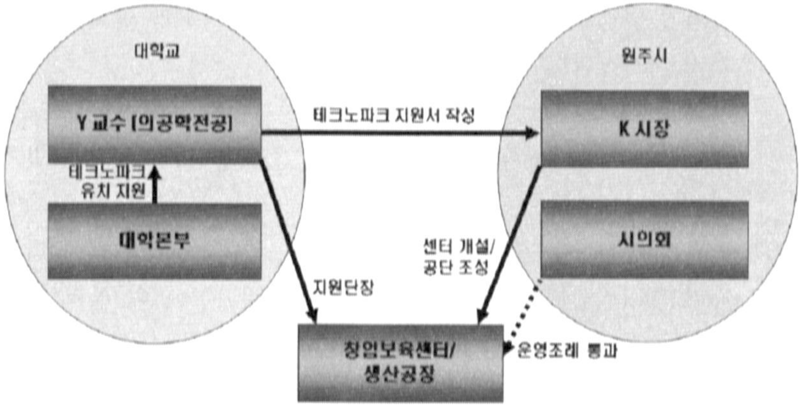

주: 실선은 적극적 협력, 점선은 소극적 협력.

3) 주요 발전 과정

(1) 중앙정부 사업에 대한 지원의 실패

1997년 통상산업부는 지방자치단체, 지역산업체와 지역대학이 협력하여 지역특화산업을 발전시키는 테크노파크 사업을 공모했다. 당시 원주시에는 현재도 시장을 맡고 있는 K시장이 재직 중이었는데, K시장은 통상산업부와 접촉하는 과정에서 연세대 의공학 분야가 첨단산업의 기반이 될 수 있음을 듣게 되었고, 당시 원주시청 차원에서도 정책개발담당관을 중심으로 테크노파크 사업에 지원하기 위해 적절한 분야를 물색했다. 그 과정에서 K시장은 연세대학교의 Y교수와 만나 테크노파크 사업 지원에 대해서 논의했으며 Y교수는 전자 의료기기 분야가 적절하다는 제안을 한다. 그러나 원주시는 원주 지역에 소재한 다른 대학교에 사업 지원서 작성 용역을 의뢰했다. 의뢰를 받은 대학교는 마감일이 다가와도 진전시키지 못했다. 결국 K시장은 마감일을 약 15일여 남긴 시점에서 Y교수에게 지원서를 작성해 줄 것을 의뢰한다. Y교수는 지원서 작성을 수락했고 같은 과 소속 교수들이 합숙하면서 지원서 작성을 완성하게 된다. 이 시점부터 현재까지 원주 의료기기 클러스터를 이끌고 있는 K시장과 Y교수의 신뢰가 형성되기 시작한다.

테크노파크 사업의 선정을 위해서 연세대학교는 상당한 노력을 투자했다. 대표적으로 1997년 11월 3일 총장공관에서는 병의원 및 보건 관계자 회합이 개최되었다. 그 회합에서 당시 연세대학교 총장은 참여한 관계자들에게 원주시 제안서의 채택에 대한 당위성을 열심히 설명했다고 한다. 이와 같은 노력의 결과로 지원서를 작성해 제출한 당사자인 원주시와 대학교 관계자들은 지원을 받게 될 것으로 확신하고 있었다. 나름대로 원주에서 제안한 의료기기 산업이 다른 지방자치단체가 제안한 산업에 비해서 참신하고 독특한 주제였고 통상산업부의 취지에도 적절하게 부합하는 주제로 여겼기 때문이다.

그러나 이러한 노력은 실패한다. 당시 테크노파크 사업의 결과 발표는 1997년 9월로 예정되어 있었다. 그런데 제15대 대통령선거를 앞두고 발표일이 계속해서 연기되었다. 12월까지 연기되는 과정에 1997년 12월 18일에는 대통령선거가 있었고 12월 19일 김대중 후보가 제8대 대통령으로 당선되었다. 대통령선거가 끝난 나흘 후, 통상산업부는 1997년 12월 22일 지원 대상 사업을 확정했다. 원주시의 의료기기 산업은 제외된 것으로 판명되었다. 결과가 탈락으로 판명되면서 지원서 작성에 관여한 관계자들은 크게 실망한 것으로 알려졌다. 특히 선정을 확신했던 시장의 실망이 매우 컸다.

> 저는 독특한 아이템이었기에 선정을 확신하고 있었습니다. 대전에서 지자체 과업보고회가 열렸을 때도 다른 지자체보다 훨씬 독창적이었고 다각도로 정부를 설득했었거든요. 그런데 12월 22일 당시 최각규 지사님을 수행하면서 차를 같이 타고 1군사령부를 들어가는데 최지사님이 통상산업부 정해주 장관과 통화하여 탈락 결과를 확인하셨습니다. 강원도 자체가 탈락한 거니까 최지사님도 흥분해서 정장관과 언쟁도 있었습니다. 그런데 반드시 된다고 생각해서 그런지 어떻게 아쉽던지요. 오기가 나서 말이죠. Y교수님을 만나서 "그럼 우리끼리 합시다" 하고 먼저 제안을 했죠. 그래서 예산계수 정리 시점에서 11억 정도로 흥업면 보건지소 건물 내 200평 정도의 빈 공간을 리모델링해서 11개 업체를 입주시켜 창업보육센터를 시작한 것입니다. (2007년 5월 17일, 원주시 K시장)

(2) 창업보육센터의 설립

결국 테크노파크 지원사업의 탈락 이후 K시장이 지역 산업 발전에 대한 자발적 투자의 중요성을 인식하는 계기가 되었다. 그리고 지원 탈락으로 인해 중앙정부의 자금 지원에는 의존할 수 없는 상황이 되었다. 1998년 5월에 창업보육센터가 설립되고 자치법규도 공표되었다. 이 시설을 통해 당시 하나도 없었던 의료기기 업체들이 속속 창업되었다. 그리고 연세대학교 의공학 전공 교수들이 보유한 원천 기술이 창업보육센터를 통해 상용화되는 계기가 마련된다.[8)]

이 과정에서 원주시의회는 이와같이 두 가지 운영조례를 제정함으로써 원주 의료전자 창업보육센터 설치 및 운영을 위한 법적 근거를 마련해 주었다. 그러나 이 조례가 제정되기까지 일부 시의원과 공무원들의 부정적 의견이 없지 않았다. 의료전자 분야와 관련, 당시 원주시는 불모지나 다름없었는데 불모지에 대한 투자 계획에 저항이 없을 수 없었다. 하지만, 원주시장과 시공무원들은 시의원들을 일대일로 설득하며 강한 의지를 천명함으로써 마침내 관련 운영조례의 제정을 얻어냈고, 창업보육센터의 개소가 가능하게 되었다.

(3) 생산공장 시설 매입

1998년 5월 18일 창업보육센터가 설립되었으며, 다음 단계로 창업자들이 개발한 제품을 생산할 수 있는 공장시설을 확보하는 것이 관건이었다.[9)] 원주시는 1998년 6월4일 지방선거에서 원주시

---

8) 창업보육센터를 설립하면서 설정한 목적은 세 가지로 집약되었다. 첫째는 IMF 체제하에서 참신한 아이디어와 뛰어난 기술을 가지고 있으나 사업화 능력이 미약한 창업자 및 예비 창업자를 입주시키는 것이다. 둘째는 연구시설 및 장비를 제공하고 기술 및 경영 지도를 받을 수 있도록 창업에 대한 종합적 지원을 제공한다. 셋째는 기술 개발을 할 수 있는 여건을 조성하고, 창업에 따른 위험 부담을 줄이고 창업 분위기를 확산시켜 입주 기업에 대한 기술 개발과 창업을 촉진시킨다. 요약하면 아이디어와 기술을 제품으로 개발하여 시장에 진출하는 것을 돕는 기관을 마련한 것이다.

9) 생산공장의 매입을 서두르게 된 동기 중의 하나는 현재도 환자 감시 장치를 개발하고 있던 (주)메디아나가 제품을 개발하여 수출하고 있었는데 이에 대한 해외에서의 평가는 우호적이었다. 타이코(TYCO)라는 의료기기 전문회사

장이 K시장에서 H시장으로 교체되고, 1997년 전국적으로 터진 소위 IMF 사태에도 불구하고 지역특화산업으로서 의료기기 산업을 지속적으로 추진하게 된다. H시장의 민선 2기가 시작되면서 몇 달 동안 원주 의료기기 산업이 다소 주춤하는 경향이 없지 않았다. 그러나 다행스럽게도 원주 의료기기 산업은 후임 시장에 의해 승계되어 계속 추진된다. 민선 시대에 지방자치단체장이 교체되는 경우, 많은 정책이 운명을 달리하는 경향을 발견할 수 있다. 예를 들어, 신축 예정인 원주 시청사의 위치가 다시 설정되는 등 민선 2기에 많은 원주시의 정책의 방향이 변경되었다. 하지만 유독 원주 의료기기 산업만은 시장의 교체에도 불구하고 그대로 지속된다. 그리고 리더십의 교체와 무관한 지원이 클러스터 성공의 주요 요인이다.

> 창업보육센터에 이어서 생산공장을 만들어야겠다고 생각했는데, 주위에서 모두가 반대했습니다. 당시는 IMF 직후 상황이었고, 개성공단에 대한 기사가 막 나오기 시작할 때였습니다. 그래서 공장 부지를 마련해도 "입주할 업체가 없다" "잘 안 될 거다"는 이유로 부정적 반응이 압도적이었습니다. 하지만 밀어붙였습니다. 또한 전임자의 일이라고 생각하지 않았습니다. 지역을 위해 할 일을 해야 한다는 생각하에 열심히 추진했습니다. (2007년 5월 10일, 원주시 H 전 시장)

원주시가 지역특화산업으로 추진하고 있는 의료전자 테크노파크 조성사업을 조기에 정착시키고, 이미 운영 중이던 테크노파크 창업보육센터에서 성공한 기업이 생산시설을 확보하기 용이하게 하고, 다른 지역의 기존 의료기기 업체를 유치하여 지역경제 활

에서 이 환자 감시 장치를 '넬코(Nellcor)'라는 브랜드로 제조자 설계 생산 방식(ODM)으로 구매하기 위한 실사를 앞두고 있었으며, 실사에 대비해서 좀 더 좋은 공장시설이 필요했고, 원주시 입장에서는 도움을 주기 위해 생산공장의 마련을 서두른 측면이 없지 않았다.

성화 및 국제경쟁력 향상에 기여하기 위해서는 원주 의료전자 테크노파크 공장시설의 마련이 필수적이었다.

생산시설의 마련을 위해 원주시 공무원들은 주변에 부도난 공장을 주로 찾아다녔는데 당시 부동산 중개업을 하던 한 시의회 의원의 도움을 받아서 태장농공단지의 (주)유니온전지의 공장시설을 찾게 된다. 당시 유니온전지는 부도 이후 다섯 번이나 유찰된 공장으로 배터리 제조 기계기구류 148점을 그대로 갖고 있었는데 그 상태로 매입을 시도했다.

원주 의료기기 클러스터는 태동기에 먼저 연구기관이 존재하여 이미 연구 성과를 축적하고 있었다. 그리고 그러한 연구 성과가 상용화될 수 있는 기반인 창업보육센터가 원주시에 의해 설립되었다. 제품의 개발을 위한 기반이 형성되는 시기였다. 이 과정에서 중요한 것은 귀속적인 관계는 없었으나 같은 비전을 갖고 있었던 연구기관과 지방자치단체 리더의 협력 관계가 형성되었다는 점이다. 그리고 이 두 리더의 개척적 리더십은 향후에도 지속적으로 발휘된다. 그 과정에서 우여곡절은 있었으나 대학본부와 시의회의 지원도 이루어졌다.

태동기의 발전 과정을 정리하면 당시 상황을 주도한 인물은 원주시 K시장과 연세대학교의 Y교수이다. 당시 원주시에 의료기기 관련 기업은 없었고 전적으로 연구기관은 Y교수, 시청은 K시장이 소속기관 내에서 주도적인 리더십을 발휘하는 시기였다. 전혀 기반이 없었기에 공식적 규정이나 분업 체계, 기관 등은 마련되지 않고 있었다. 당시에 이 두 인물의 주요 목표는 의료기기 산업의 터전이 마련될 수 있도록 하는 것이었다. 따라서 원주시의 경우 일반적인 태동기의 특징을 갖고 있었고 리더십을 형성해야 하는 과제를 안고 있었다.

3 기반 구축기(1999~2003)

1) 개 요

기반 구축기는 중앙정부의 풍부한 지원이 확보되면서 원주시에 의료기기산업의 토대를 형성하는 데 기여한 사업들이 진행되고 클러스터의 운영에 대한 서비스를 제공하는 재단법인의 설립을 준비하는 시기이다. 먼저 연세대학교의 의공학연구소가 활발한 활동을 계속하면서 1999년 6월에 과학기술부 지역협력연구센터(Regional Research Center: RRC), 그리고 12월에 산업자원부 기술혁신센터(Technological Innovation Center: TIC) 등 대규모 국책사업 시행기관에 선정되며, 중앙정부의 자금 지원을 받기 시작한다. 2002년 12월에는 보건복지부로부터 특정 연구센터 지원사업에도 지정된다. 당시 원주시에서는 생산 기반을 구축하는 일에 계속 매진했다. 1999년 원주 의료기기 산업기술단지에 업체들이 입주했고, 곧이어 2001년에는 생산 공장 증축 공사를 시작했다. 그리고 2003년에 첨단 의료기기 테크노타워가 준공되면서 원주 의료기기 클러스터에 관한 제반 사무를 지원하는 공식적인 기관으로 재단법인 원주 의료기기 테크노밸리가 창립된다.

2) 행위자 간의 관계 분석

이 시기의 주된 특징은 중앙정부의 지원이 확대된다는 사실이다. 연구 지원과 장비의 공동 활용을 위해 중앙정부의 지원이 시작된다. 원주시는 지속적으로 생산시설을 확충하는 데 주력했고 참여기업들의 수는 계속 증가하기 시작한다. 중앙정부의 지원이 확대되면서 광역지방자치단체인 강원도는 대응투자금을 납입하고 삼각 테크노밸리를 형성하면서 원주의 의료기기 산업을 지원한다. 이때도 대학본부와 시의회가 지원했다. 그리고 기업들은 지속적으로 증가했는데 새롭게 창업하는 기업도 있었으나 다른 지역에서 이전해 오는 기업도 있었다.

참여 주체들의 관계를 분석하면 중앙정부에서 산업자원부는 지역대학의 연구 성과를 지역산업의 발전으로 이끌기 위한 사업으로 전국적으로 시행하는 RRC사업을 통해 연세대학교 의공학연구소를 지원했다. 과학기술부는 TIC사업을 통해 기기의 공동사용을 위한 지원을 대학교 의공학연구소에 제공한다. 이러한 연구와 기기의 인프라를 바탕으로 하여 기업들은 원천 기술과 그 기술의 상용화를 위한 기반을 마련한다. 원주시는 생산 기반의 마련에 주력한다. 기업들이 입지할 공간이 시에 의해 확보되고 있었다. 그리고 가장 중요한 발전의 계기는 원주시가 출자한 재

[그림 2-3] 제도화 단계의 행위자들의 협력 관계

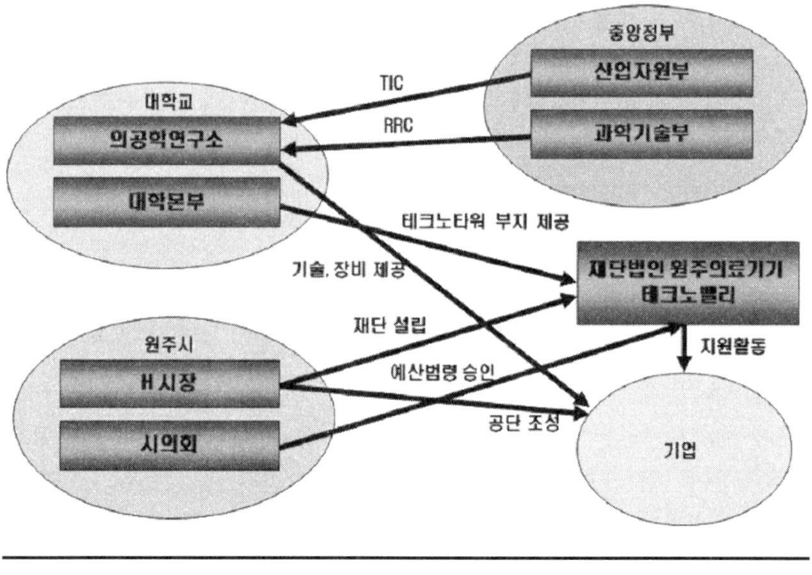

단법인이 설립되어 의료기기 클러스터의 운영을 돕게 되었다. 이에 대학교에서는 부지를 제공했고 시의회는 법령과 예산 사용을 위한 승인을 했다. 이 관계는 [그림 2-3]에 나타나 있다.

3) 주요 발전 과정

(1) 중앙정부 지원사업의 수주

과학기술부에서 지정하는 지역협력연구센터(RRC)는 지역특화사업을 위해 관련 기관 간의 유기적인 협력을 통해, 대학이 보유하고 있는 기초 및 응용 기술을 지역 산업계에 이전 보급함으로써 지역의 경쟁력 있는 첨단산업 발전과 국가경쟁력 강화를 도모하는 사업이다. 원주에서도 연세대학교가 주축이 되어 의료전자기기연구센터의 이름으로 사업계획서를 제출하여 선정된다.[10] 이 과정에서 강원도와의 협력 관계는 원활하지 않았던 것으로 알려져 있으나 결국 중앙에서는 선정되었다.[11]

그리고 산업자원부의 TIC사업도 시작하게 된다. 산업자원부가 TIC사업으로 추구한 가장 주된 목적은 첨단 연구기기 및 시설의 공동 활용으로 산업 발전을 위한 인프라를 구축하는 것이었다. 그 결과로 산·학·연 공동연구 체계를 통한 창업보육을 지원하고 개발비 확보가 어려운 공동 부품을 조달하여 의료기기 산업의 공통 기반을 확보할 수 있도록 했다.

TIC사업의 경우에 상공부 관료 출신이었던 당시 H시장이 산업자원부 관계자와의 면담을 적극적으로 주선하는 역할을 담당

10) 그러나 의료전자기기연구센터의 명칭은 선정 이후에 산업자원부의 기술혁신센터 지정과 연관하여 의용 계측 및 재활공학연구센터로 변경된다.

11) RRC사업 선정의 과정에서 중요한 도의 추천을 받지 못했기 때문이다. 그러나 추후 연세대학교 총장이 강원도지사에게 다른 대학교와 복수로 추천해 줄 것을 요청했고 그 요청이 받아들여져 강원도는 복수로 추천을 했다. 결국 연세대학교의 사업은 우수한 성적을 기록하며 중앙에서 선정되었다.

했다. 그 과정에서 시 공무원과 대학교 관계자가 정책실무자와 접할 수 있는 기회를 제공하는 등 중앙정부와의 연계를 가능하게 한 H시장의 역할은 매우 컸다.

> 의료기기에 대해서 전임자 일이라기보다는 지역을 위해 할 일은 해야 한다는 생각이었죠. 그래서 TIC는 상공부 출신이라 "친정" 덕을 보았습니다. 연세대에 "두 개는 안 된다"고 거절을 해서 나중에 다 장관들이 된 당시 이희범 차관보 그리고 오영교 차관 등에게 충분히 사업의 필요성을 설명했습니다. 윤형로 원장에게는 과거 동료였던 국과장들을 연결시켜 주면 윤원장님이 다니면서 사업을 소개하고 필요성을 설득했죠. 제가 상공부 출신이라 원주시 공무원들을 소개해서 보내도 산자부 공무원들이 아주 잘 대해 줄 정도였으니까요. RRC 관련해서는 과학기술처 강창희 장관이 자민련 몫이어서 당시 유일한 자민련 시장이었던 제가 접촉하기에 편했습니다. 당에서도 적극적으로 도와 주었고요. (2007년 5월 8일, 원주시 H 전 시장)
>
> TIC로 지정되는 데 H 전 시장님의 공이 큽니다. 상공부와 대학 동창 지인들을 연계시켜 주면 저와 우리 교수들이 가서 면담을 하고 중앙관료들과 교감을 가질 수 있었습니다. 그뿐만 아니라 시 차원에서 지속적으로 의지를 갖고 있다는 것을 확인시켜 준 역할이 크다고 생각합니다. (2007년 5월 15일, 원주 의료기기 테크노밸리 Y원장)

그러나 TIC 선정에서도 교내외의 몇 가지 문제를 극복해야만 하는 상황에 직면한다. 먼저 TIC사업에 관한한 과학기술부에서 RRC 지원을 받은 곳에 동일한 주제로 산업자원부가 TIC를 중복 선정할 수 없다는 논리가 적용되고 있었다. 따라서 과학기술부의 RRC 지원을 받은 연세대학교 원주 캠퍼스의 경우도 TIC 선정은 불가능하다는 산업자원부의 방침이 적용되는 상황이었던 것이다. 따라서 이미 선정된 RRC의 명칭을 '의료전자기기연구센터'에서 '의용 계측 및 재활공학연구센터'로 변경을 시도한다. 과학기술부 담당자와의 협의 끝에 의용 계측 및 재활공학 분야의 장래가 유망하다는 결론을 얻어 RRC 명칭의 변경에 성공했다. 결국 RRC는 의용 계측 및 재활공학 분야로 특화하면서 전자 의료기기를 위해서 TIC를 활용하는 것으로 정리되었다. 당시 의용공학과의 활발한 사업 유치를 지휘하던 Y교수는 이 모든 과정이 담당자와의 지속적인 면담과 설득을 통해 신뢰를 쌓고, 사업의 성공 가능성에 대한 적극적인 설명을 통해 중앙정부의 지원을 받아낸 것이라고 증언한다.

(2) 공업단지 조성의 완공

그 사이 원주시는 기업들을 위한 생산시설을 확충해 나간다. 원주시는 1999년 10월에 태장농공단지 내 산업기술단지를 조성하여 의료기기 업체를 입주시켰으며, 2003년 5월에는 공장 건물 14,303㎡(4,326평)를 증축하고, 2003년 4월에는 문막읍 동화리에 의료기기 전용공단을 착공함으로써 생산시설의 기반을 형성해 나간다. 기술과 장비의 지원 그리고 의료기기 업체들을 집적할 수 있는 기반시설을 지자체에서 형성해 주자 2000년과 2001년의 서울 COEX에서 개최된 국제의료기기전시회(KIMES)에서 원주 산업기술단지로의 입주 희망을 밝힌 기업이 각각 44개 업체와 21개 업체에 이를 정도여서, 신규 입주 희망 업체에게 필요한 생산시설을 공급할 수 있기 위해서는 공장시설의 확충이 중대한 과제였다.

(3) 통합 건물 원주 의료기기 테크노타워의 건축

원주 의료기기 산업 육성을 추진하며, 창업보육센터와 산업기술단지가 조성되고, 중앙정부로부터 RRC와 TIC 지원이 확보됨에 따라, 이들을 상호 유기적으로 연계시키고 지역 내 의료기기 업체들을 종합적으로 지원 관리할 센터의 필요성이 제기되었다. 특히 위의 센터 및 업체들은 지리적으로 분산되어 있어 집적 효과 제고를 위해서 근접한 거리에 모을 필요성이 있었다.

일찍이 강원도, 원주시와 연세대는 의료기기 종합지원센터를 연세대 원주캠퍼스 부지 내에 건립할 구상을 갖고 있었으며, 이 센터는 당시 8,848㎡ 규모로 계획되었고, RRC, TIC, 정보지원센터, 창업보육센터, 기업연구소, 중강당, 세미나실 등 공동 이용 시설과 지원시설을 입주시킬 예정이었다. 이러한 종합지원센터의 개념은 이후 의료기기 벤처 창업타운, 의료기기산업 진흥센터를 거쳐 2003년에 마침내 원주 의료기기 테크노타워로 현실화된다. 따라서 현재 테크노타워가 담고 있는 많은 시설과 센터들의 상당 부분은 당초 원주 의료기기 종합지원센터 또는 진흥센터를 구상할 때 이미 그 뿌리가 있었음을 알 수 있다.

진흥센터 건립을 위해서는 총 70억 원이 소요되는 것으로 추정되었으며, 이 비용은 국비 50억 원, 도비 10억 원, 시비 10억 원으로 조달하기로 계획되었다. 진흥센터의 건립을 위한 국비 지원의 중요한 부분은 한강수계관리기금을 통해 확보되었는데, 이는 팔당 상수원 하류 수도 이용자에게서 징수하는 물 이용 부담금을 한강수계 상수원 수질 개선 및 주민 지원을 위해 활용하고 있는데, 환경친화적 청정산업을 위한 주민 지원 차원에서 의료기기산업 진흥센터의 건립에 중요한 재원으로 투자되었던 것이다.

이러한 재원 조달 방안은 당시 H시장에 의해 먼저 제안되었으며 이 아이디어는 주효했다. 이는 원주시가 의료기기 산업의 육성을 위해 얼마나 강한 의지와 열망을 갖고 있는가를 단적으로 보여 주는 사례이다. 지역에서 자생적 바탕에서 시작한 원주 의료기기 산업이기에 중앙정부의 후원 여부에 상관없이 스스로 문제를 해결하려는 의지가 기본적으로 강했다. 의료기기산업 진흥센터는 현재는 '첨단 의료기기 테크노타워'로 명명되어 연세대 원주캠퍼스 정문 바로 안쪽에 설립되어 있는데, 이 사업도 당시 H시장의 결단과 제안이 상당히 중요하게 작용했다.

그러나 연세대 내에서는 학교 토지를 원주시에 무상으로 헌납

하는 것과 같다는 인식이 구성원 간에 없지 않았으며, 이로 인해 진흥센터 건축을 반대하는 목소리가 있었다. 한편 원주시 의회에서는 연세대 토지 위에 시비를 들여 진흥센터를 건립하면 '결국 연세대의 건물이 된다'는 이유에서 반대 의견이 제시되었고 논란이 되기도 했다. 원주시의회와 연세대 내부에서의 반론에 대해 시의회는 원주시장과 국장들이, 연세대는 의공학부 교수들이 적극 설득하고 나서면서 이를 돌파해 나갔다. 특히 이 과정에서 원주 MBC, 원주KBS 및 GTB 등의 지역 방송들이 원주 의료기기 산업 및 진흥센터에 대해 우호적 여론을 형성하는 데 기여했고 이것이 지역 내 반론을 극복하는 데 큰 도움을 주었다. 결국 연세대 원주부총장은 2001년 3월 27일 공문을 통해, 연세대 소유 부지 내에 원주 의료기기산업 진흥센터를 건립할 수 있도록 당시 학교법인 연세대학교 이사장 명의의 토지 사용 승낙서를 원주시장에게 송부한다.

(4) 재단법인 원주 의료기기 테크노밸리의 설립

2003년 8월 원주시는 첨단 의료기기 산업을 중점 지원·육성하기 위해 재단법인 원주 의료기기 테크노밸리를 설립했다. 원래 원주시에서 클러스터에 대한 지원 기능은 경제진흥국에 배정되어 실무담당 부서의 이름이 경제진흥과(1998), 지역경제과(1999), 기업지원과(2000), 지식산업과(2001) 등으로 계속 변경되었다. 마침내는 본격적인 재단 설립을 위해 '테크노밸리 센터'를 만들고 법인 설립 준비 작업에 돌입한다.

그리고 (재)원주 의료기기 테크노밸리는 2003년에 설립되어 5월에 완공된 첨단 의료기기 테크노타워 등 전문시설의 운영과 관리, 교육은 물론 의료기기 산업 진흥을 위한 산·학·연·관 협조 체계의 효과를 극대화하고 연구개발 및 기술혁신, 기업 유치, 판로 개척, 홍보 마케팅 등의 전문적인 지원사업을 주요 임무로 한다. 재단법인 원주 의료기기 테크노밸리의 초대 이사장에는 지방선거에서 H 전 시장에게 승리하여 시장직을 다시 넘겨받은 K원주시장, 초대 원장에는 안우희 박사가 선임되었다. 지역혁신 클러스터의 발전에 매우 중요한 서비스 기관의 설립이 완료된 것이다.

4 성장기(2003～현재)

1) 개 요

성장기는 2003년에 재단법인 원주 의료기기 테크노밸리가 설립되고 2004년에는 혁신 클러스터 시범단지로 지정되면서 산·학·연의 다양한 참여자들의 네트워킹에 주력하는 시기이다. 현재 진행 중인 과정으로서 원주 지역을 완전한 혁신 지구화하는 것이 현 단계 원주 의료기기 클러스터의 과제이다. 이 단계에서 대학간 연구소였던 의공학연구소가 교내에서 2003년에 교책연구소로 등급이 상향되면서 명칭은 연세의료공학연구원으로 변경되었다. 의료공학연구원은 의용 계측 및 재활공학연구센터와 재택건강관리시스템연구센터 등에서 지속적인 성과를 낳았다. 그리고 인프라 측면에서 첨단 의료기기 기술혁신센터의 성과가 다년간 축적되었고, 그 후속 사업으로 2005년부터 지역혁신센터(Regional Innovation Center: RIC) 성과 활용 사업을 진행했다. 의료기기 산업을 위한 시설의 확충도 가속화되어 2003년에 첨단의료기기 테크노타워가 준공되었을 뿐만 아니라 2007년에는 첨단 의료기기 벤처센터가 완공되었다. 의료기기 산업단지에 입주한 기업들의 영업 성과도 날로 향상되고 있다. 연세대 의공학부가 2004년 우수인력 양성을 위한 특성화 분야 지방대학 혁신역량강화(New University for Regional Innovation: NURI)사업에 선정되고, 2006년부터 연구 프론티어의 확대를 위한 2단계 두뇌 한국21(Brain Korea 21: BK21) 사업에도 선정되었다. 이러한 확대 발전을 통해서 원주 의료기기 클러스터는 양적으로뿐만 아니라 질적으로 성장하는 시기를 맞게 된다.

2) 행위자의 관계 분석

성장기에 각 행위자들은 독립적으로 발전 모형을 탐색하면서 상호 의존성은 유기적으로 유지하고 있다. 의료기기 클러스터의 탄생을 주도했던 대학의 경우 중앙정부의 지원을 통해 확보한 연구 기반과 장비를 후속 사업에 활용하고 있으며, 기업은 이제 60여 개 업체가 집적되어 상호 시너지 효과를 낼 수 있는 규모로 발전했다. 실제로 클러스터와 미니클러스터 활동을 통해 상호 협력 체계를 구축하고 있다. 원주시의 경우 재단법인을 통해 지속적으로 기업을 유치하고 의료기기 산업으로 특화된 지역에 건강도시의 개념을 도입하여 나름대로 발전의 모형을 추구하고 있다.

3) 주요 발전 과정

(1) 원주단지 혁신 클러스터화 및 산학연 연계 강화

혁신 시너지를 형성해 나가는 데 중앙정부는 지속적으로 지원한다. 2004년 산업자원부는 전국적으로 지역의 자율적이고 혁신 주도적인 균형 발전을 도모하기 위해 혁신 클러스터를 지정하고 지역의 거점산업단지로 육성하는 방안을 마련한다. 사업을 주관한 산업자원부와 한국산업단지공단은 혁신 클러스터 사업을 구상하기 위한 예비조사의 과정에서 원주가 한국산업단지공단이 관리하는 산업단지가 아니었음에도 불구하고, 혁신 클러스터의 개념에 가장 적합하다고 인식하고 예외적으로 원주단지를 혁신 클러스터 시범단지로 지정했다.

그리고 원주 혁신 클러스터 추진단의 경우 다른 혁신 클러스터 시범단지와 구조적으로도 다르다. 한국산업단지공단 소속 클러스터 시범단지의 경우 한국산업단지공단에 클러스터 추진단이 설치되고 공단의 직원이 지원을 하고 있다. 그러나 원주의 경우 독자적인 발전을 해왔고 의료기기 테크노밸리의 역할이 지대하다는 점이 인정되어 테크노밸리에서 추진단을 직접 운영하는 구조를 형성하고 있다.

혁신 클러스터 사업은 산학연협의체 운영, 산학연 협력 지원, 연구개발 인프라 구축, 추진단 특성화, 기관 간 네트워크 구축의 다섯 가지 방향으로 진행되고 있다. 원주 클러스터의 산학연협의체는 네 개의 미니클러스터와 전문가 풀(pool)을 통해 주로 실현된다. 네 개의 미니클러스터는 계측의료기기, 영상의료기기, 재활의료기기, 헬스케어 의료기기의 생산 품목별로 구성되어 있으며, 2009년 3월 말 현재 회원 508명, 기업 회원 159개 업체로 구성되어 활발하게 활동하고 있다. 2008년 4월부터 2009년 3월 말까지 세미나, 발표회, 과제 해결 논의, 평가위원회, 정기회의, 교류회 등 총 396회의 상호 협력 모임이 있었으며, 연인원 2,871명이 참석했다. 또한 산학연협의체 활동을 위해 전문가 풀도 활용하고 있는데 기술, 산학 공동 R&D, 특허사업화 등에서 나타나는 다양한 애로 사항을 지원할 수 있는 전문가를 확보하여 기업을 지원하고 있다. 2009년 3월 말 기준으로 286명이 전문가 풀을 구성하고 있으며, 이들의 지난 1년 동안 활동 실적은 287건이다.

산학연 협력지원사업은 연구개발 역량 강화사업과 기업경쟁력 강화사업으로 구성된다. 연구개발 역량 강화사업은 현장맞춤형 기술개발 사업, 이전 기술 사업화 지원사업, 시제품 제작 지원사업, 인프라 활용 연계 지원사업, 산업재산권 확보 지원사업, 해외 규격 확보 지원사업, 제품 및 포장 디자인 지원사업, 전임상/임상 시험 지원, 추진단 특성화(자체 발굴) 사업 등으로 구성된다. 기업경쟁력 강화사업은 현장맞춤형 교육훈련사업, 공동 마케팅 지원, 해외시장 개척 지원, 문제 해결 멘토 지원, KGMP 인증 획득 지원 그리고 추진단 특성화 사업으로 구성된다.

(2) **협력 체계 구축**

2003년에 준공된 첨단 의료기기 테크노타워에는 원주 의료기기 테크노밸리, 의용 계측 및 재활공학연구센터(RRC)·첨단 의료기기 기술혁신센터(TIC)·의료공학교육센터·재택건강관리시스템연구센터로 구성된 연세의료공학연구원과 정보지원센터, 창업보육센터, 기업 부설 연구소 등이 입주함으로써, 산·학·연·관의 유기적 협력의 중심 건물이 되고 있다. 테크노타워의 부족한 공간 문제를 해결하기 위해, 2007년 8월에는 바로 옆에 첨단 의료기기 벤처센터를 증축하여, 유망 중소 의료기기 업체 유치, 창업 촉진, 연구 및 기술 개발 지원, 정보 교류 등의 지원 공간이 확대되었다.

또한 다양한 유관 기관과의 협력 체계 구축도 확대되고 있는데, 한국산업기술시험원(KTL) 원주분소를 원주 클러스터 내에 유치하여 의료기기 제품의 시험검사 및 인증 지원 업무를 신속히 처리하게 되었다. 2005년에는 전자부품연구원, 2006년에는 한국과학기술연구원과 업무 협약을 체결하여, 지역 의료기기 관련 기업과의 연구개발, 설비 및 시설의 공동 활용, 기업 지원 협력사업, 의료기기 관련 시험 및 품질관리 시스템 구축 등의 협력이 이루어지고 있다. 2006년에는 산업은행과의 협약 체결을 통해 의료기기 중소·벤처기업 창업 촉진 및 사업화 지원, 금융 지원 및 정보 제공 서비스를 받고 있다.

국제업무 협약의 체결 및 국제 교류도 확대하고 있다. 예를 들면, 일본의 세계적인 의료기기 업체인 니혼 고덴(Nihon Kohden)사와 공동연구 협약, 독일 베를린 과학기술재단(TSB)과 기술, 인적 자원 및 정보 교류를 위한 협약을 체결했고, 기업 지원 및 연구개발에 대한 네트워크를 구축했다. 홍콩생산력촉진국(HKPC)과 양해각서(MOU)를 체결하여 공동 연구 및 인적 교류, 상호 관심 분야에 대한 정보의 교환 및 상호 협력을 가능하게 했다.

(3) 지원기관 설립 확대

2003년에 설립된 원주 의료기기 테크노밸리는 의료기기 산업 진흥을 위한 산·학·연·관 협조 체계의 효과를 극대화하고 연구개발 및 기술혁신, 기업 유치, 판로 개척, 홍보 마케팅 등의 전문적인 지원사업을 주요 임무로 한다.

2007년 2월 9일에는 한방의료기기산업진흥센터를 상지대 내에 개소하여, 양·한방 융합 의료기기 산업체의 진흥 연구 및 시제품 제작에 필요한 연구 장비 활용과 표준화 및 기기 개발을 위한 전문 기술 인력을 지원하고 있다. 연구 진흥뿐만 아니라 창업을 준비하는 창업 준비자를 지원하고 창업 아이템을 개발·제공하는 역할도 한다.

(4) 연구개발 영역 확대

연세대학교의 의공학연구소는 2003년 7월 교책연구소로 승격되면서 의료공학연구원으로 재탄생된다. 의용 계측 및 재활공학연구센터, 의료공학교육센터, 첨단의료기기 기술혁신센터, 재택건강관리시스템연구센터, 의료공학교육혁신사업단, 의료공학신기술사업단이 모두 연세의료공학연구원을 중심으로 연구 협력 체계를 구축하고 있다. 의료공학연구원은 원주의료기기 산업 육성을 위한 장기적인 연구 지원 기능, 창업 보육 기능, 첨단기자재 지원을 통한 인프라 구축, 생산 지원 기능 및 인력 양성 기능 등을 통해 원주 지역의 의료기기 업체들이 성장할 수 있도록 도와 주고 있다. 이 연구원은 테크노타워에 창업보육센터, 기업 부설 연구소와 함께 입주하고 있어, 기업의 창업에서 생산, 연구 및 상용화 단계까지 지원할 수 있는 위치에 자리잡고 있다.

1999년부터 시작되어 9년간 진행된 의용 계측 및 재활공학연구센터(RRC) 사업은 9년간 연구 인력만 784명이 참여했고, 연구개발 과제 이행은 목표 대비 100% 달성했으며, 특허의 출원과 등록은 목표 대비 150% 가량을 달성하여 성숙기에 접어들면서 과실을 거두고 있다.

(5) **인력 양성**

성장기로 접어든 2004년 이후에는 의료공학의 중점이 미래 지향적인 방향으로 바뀌어 유능한 인력의 양성이 강조된다. 원주 클러스터의 인력 양성을 위한 핵심 사업으로 의료공학교육센터 설립, 의료공학교육혁신사업단의 NURI사업, 그리고 의료공학신기술사업단의 BK21사업이 있다.

의료공학교육센터는 2002년 1월에 개소되어, 2003년 하반기부터 본격적인 교육을 진행했다. 홈페이지를 개설하여 기업체 및 병원에서 근무하는 현장 인력을 대상으로 사이버 강좌를 통해 의공학 관련 기초지식과 전문지식을 제공해 왔다.

연세대학교 의공학부는 2004년 6월에 교육인적자원부에서 주관하는 NURI사업에 선정되었다. NURI사업은 대학과 지자체, 산업체가 공동으로 사업단을 구성해 지역 발전에 필요한 다양한 분야의 인력을 양성하기 위한 대형 국책사업인데, 이 사업의 목적은 의료기기 업체에서 필요로 하는 실무자의 양성이 중요한 연세대학교 의공학부의 목적과도 잘 부합하는 것이다.

NURI사업은 많은 성과를 낳았다. 우수 학생 유치를 가능하게 했고, 전공 분야 취업률도 향상시켰다. 무엇보다 중요한 성과는 이렇게 배출된 인력이 지역사회에서 기여하고 있는 비중이 높아진다는 점이다. 연세대 의공학부의 강원도 지역 취업률이 11.1%이던 것이 2년 사이에 20.8%로 9.8% 증가했다. 그것은 지역의 대학에서 교육받은 학생이 해당 지역에 취업해서 그 지역의 발전을 위해 일하는 비중이 증가한 것으로 NURI사업이 초기에 목표로 설정한 지역혁신 체제에 기여한 것으로 볼 수 있다.

두뇌한국21사업(BK21사업)은 교육부가 21세기를 선도할 인재 양성을 목적으로 실행하는 교육사업인데, 세계 수준의 연구가 이루어지는 대학원 교육의 대학 및 각 지방의 산업 수요와 연계하여 특성화가 이루어지는 지역 대학을 지방하여 창의적이며 국제적인 고급 두뇌를 배출하고 우수한 연구 성과를 확보하며 국내 산업체와의 산학 협동을 통해 산업 발전과 국제경쟁력의 제고를 목적으로 삼는다.

연세대 의공학부는 2006년부터 시작하는 2단계 BK21사업에 선정되어 10년 이내에 세계 10위권의 고급 전문 연구 인력을 양성할 것을 비전으로 설정했다.

연세대학교 의공학 분야의 성공적인 성과는 원주 지역에 의료기기 산업을 특화시키는 데 기여한 것뿐만 아니라 의료기기 산업에 필요한 인력을 양성하기 위해 많은 지역 대학에서 새롭게 의료공학 전공을 신설하게 되었다. 상지대학교 한방의료공학과, 한라대 의료기계공학 전공, 강릉대 기계의용공학 전공, 강원대 기계의용공학 전공, 관동대 의료공학과, 한국폴리텍III대학 원주캠퍼스에 의용공학과, 송호대학에 보건의료기기과 등이 설치되었다.

(6) 인프라 공유

원주시의 의료기기 산업 발전에 가장 핵심적 기여를 한 사업이 기술혁신센터(TIC) 사업이었다. 기술혁신센터에서는 고가의 첨단 기자재 구축 및 이의 공동 활용, 산업체 기술 지도 및 인력 재교육, 관련 산업에 대한 정보 지원 등 인프라 구축 및 제공의 역할을 담당했다.

원주 TIC사업의 경우 철저하게 기업체에서 필요한 장비를 조사하고 입수하는 과정을 거쳤고 기업의 수요에 맞는 장비를 활용했기 때문에 그 활용률도 높았고 새로운 기술과 특허의 개발도 원활했던 것으로 평가된다. 그 결과 많은 기업이 TIC의 장비를 이용하여 테스트를 하고 제품으로 발전시켜 나갔다. 장비의 사용시간과 사용으로 거둔 수수료 수입이 2005년에 각각 39,754시간과 9천 4백여만 원에 이르러 가장 많았다.

이러한 장비의 활용은 기업이 제품을 개발하고 인증을 받는 데 큰 도움을 주었다. RRC연구를 통해 제품 개발을 위한 원천 기술을 확보하면 기업은 그것을 상품화한다. 상품화하는 과정에서 기업은 고가의 계측장비 등을 활용하여 실용화 가능성을 진단해야만 한다. TIC가 그러한 장비를 기업의 수요를 조사하여 확보하고 활용할 수 있도록 한 것이다.

(7) 생산 기반의 확충

원주시는 계속해서 생산 기반을 확충하여 지역에 많은 의료기기 업체를 유치할 수 있는 여건을 조성한다. 이미 많은 기업이 태장농공단지에 소재하고 있었고 첨단 의료기기 테크노타워에도 일부 기업들이 입주해 있었다. 태장단지에 생산공장을 증축 완공하여 생산공장 건물 내 51개실이 확장되었고 시제품 생산시설과 공동 세미나실, 상담실 등의 시설을 갖추게 된 것이다.

여기에 추가하여 문막읍 동화리 일대에 첨단의료기기 산업단지가 조성되었다. 이곳으로 업체 이전을 독려하기 위해 이전보조금 지급, 세제 및 금융 지원 등의 혜택이 주어졌다. 이와같이 생산시설이 확충되어 2009년 3월 말 기준으로 원주 의료기기 클러스터에 101개의 기업이 참여하고 있으며, 1,455명에 달하는 인력의 고용 창출을 유발하여 강원도 산업에서 상당히 중요한 위치를 차지하게 되었다.

(8) 시장 확대 및 홍보

성장기에도 시장 확대를 위한 지속적 노력이 경주되었으며,

KIMES나 MEDICA와 같은 전시회에 꾸준히 참여하여 홍보와 상담 실적을 제고하는 것 외에도, 원주에서 자체적으로 강원 메디컬 플라자를 개최함으로써 국내 의료기기 산업의 메카로서 위상을 제고하기도 했다. 원주 의료기기 산업이 양적 · 질적 성장을 도모하고 벤치마킹의 대상으로 인정됨에 따라 언론 보도의 횟수가 늘고 있으며, 대통령을 비롯한 관련 부처 장관들의 내방뿐만 아니라 중앙부처 및 지방자치단체 공무원, 기업체 임직원 및 각급 학교 학생들의 내방이 줄을 잇고 있다.

제 3 장 지역혁신 클러스터의 이론

제 1 절 지역혁신 클러스터와 새로운 거버넌스

지역혁신 클러스터를 혁신과 학습의 관점에서 이해할 때, 거버넌스의 개념이 중요하다. 거버넌스(governance)의 개념은 매우 다양하다. 거버넌스의 개념을 좁게 이해하면 특정한 조직을 이해관계자들의 의사에 부합하도록 운영하기 위한 조정, 감독, 통제장치이다. 그러나 거버넌스의 개념을 넓게 이해하면 “공동의 문제를 해결하는 데 참여하는 다양한 개인이나 기관들이 협력하고 서로 조정하는 과정”을 말한다(Hague et. al., 2003). 이러한 관점은 공동의 문제를 해결하는 데 생산, 지원, 규제, 감독 등 다양한 방식이 존재할 수 있으므로 매우 포괄적인 정의가 된다. 그런데 최근 지역혁신 클러스터의 거버넌스로 주목받는 개념은 특정 지역의 산업과 연관된 구성원들 사이의 관계를 중시하는 연결망으로서의 거버넌스 개념이다. 여기서 연결망이란 매우 유동적이고 가변적이지만 협상과 타협의 결과로 다양한 기관들이 맺는 관계를 의미한다. 따라서 연결망으로서의 거버넌스 개념은 계약, 협약, 조정기구 등과 같은 공식적 관계뿐만 아니라 신뢰, 친밀도, 가치와 목표의 공유 등과 같은 비공식적인 관계를 포괄한다.

지역혁신 클러스터에서는 이와같이 네트워크로서 거버넌스 개념이 중요한데 그 이유는 세 가지로 요약할 수 있다.

첫째, 지역의 특유성을 발휘하기 위해 분권적인 의사결정이 중요하다. 분권화가 이루어지면 국가의 집권적인 정책결정 과정에서는 고려되기 어려운 그러나 실제로는 중요한 지역의 특성이 특별히 고려될 수가 있다. 그리고 각 지역에서 선출된 정무직 공무원들의 경우 지역의 문제를 다루는 거버넌스에서 조정과 감시의 역할을 맡을 때, 의사결정 과정에서 지역의 관심사를 반영할 기회를 가질 수 있다. 결국 지역의 독특성을 토대로 새로운 제품의 생산과 사업 목표의 설정이 가능할 것이다.

둘째, 지역혁신 클러스터에서는 다양한 참여 주체와의 파트너십 형성이 혁신에 기여하며 새로운 거버넌스의 구조는 이러한 파트너십을 형성하는 것을 의미하기 때문에 중요하다. 다양한 참여 주체들의 파트너십은 새로운 조직의 형성이나 계약의 체결 등으로 가능하다. 이러한 기관들이 지역의 조건을 고려하고 실질적인 대안을 형성하는 데 필요한 자율성을 갖기 쉽다. 그리고 최근 파트너십의 발전 추세에 따르면 협력과 조정이 이러한 파트너십을 통해 이루어지는 경우가 많고 외부 환경에 속한 시민사회와의 연계도 손쉽게 이루어지는 경향이 있다.

이러한 파트너십은 네트워크의 형성에 국한되지 않고 지속적으로 발전하여 생산을 위한 레짐(régime)의 형성으로 이어질 수 있다. OECD에 따르면 새로운 거버넌스는 권한, 자원, 능력, 조직적 자본 등과 같은 자산이 기술의 표출과 상호 공유, 재구성 등의 과정을 거치고 참여자가 형성하는 관계와 연결망, 나아가서는 레짐을 통해 교류되는 과정을 거친다고 설명한다. 이러한 과정을 거치면서 새로운 기업들이 창업되고 기존 기업은 발전하면서 지역 발전을 견인할 수 있기 때문에 파트너십의 형성이 중요하다.

셋째, 최근 대두되는 지방정부의 조정 역할로의 변화가 중요해지고 있으며, 다른 기관들과의 업무의 분담을 통해 효율성을 증진할 뿐만 아니라 분담된 업무의 시너지 효과를 형성하는 것이 중요하기 때문이다. 새로운 거버넌스에서 정부는 대체로 직접적인 생산의 역할을 수행하지 않는 경우가 많다. 그러나 정부가 규제하고 감독하는 기능은 참여자들이 스스로 형성한 신뢰와 규범 그리고 자치적인 조직에 의해서 강화된다.

이들 사이의 관계는 [그림 3-1]과 같이 설명될 수 있다. 지역혁신 클러스터는 다양한 참여자들이 갖는 자산, 기술, 역량 등으로 주로 구성된다. 각 기관은 나름대로의 권한, 자원, 역량, 조직적

[그림 3-1] 지역혁신 클러스터의 구성 요소

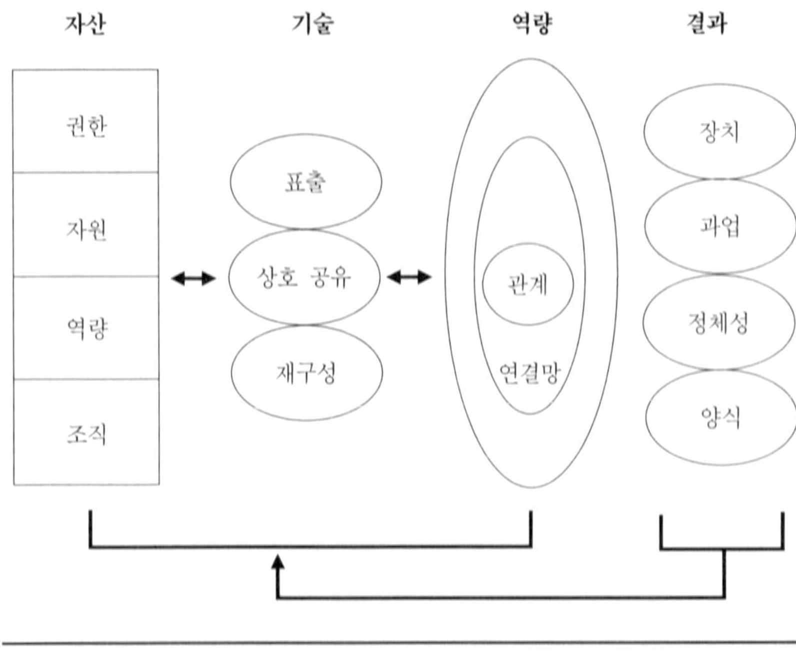

자본을 갖는다. 정부에는 법령에 기초하여 조정과 배분 그리고 규제를 수행할 수 있는 권한이 있다. 클러스터 발전을 위한 핵심 역량을 갖게 될 지원기관이나 연구기관도 법률을 통한 위임을 받을 때 각각의 영역에서 필요한 권한을 갖게 된다. 또 다른 중요한 자산은 자원이다. 여기서의 자원은 각종 천연자원뿐만 아니라 인적 자원, 연결망으로서의 자원 등을 포괄한다. 특히 각종 자원이 부족한 지방에서는 그 지역이 가진 자원이 무엇인지를 밝히고 그 자원을 중심으로 지역을 개발하면서 결여하고 있는 것들을 탐색하고 채워나가는 활동이 매우 중요하다. 그러한 탐색의 과정 속에서 필요한 것이 지역의 역량과 조직적 자산이다. 그 지역에 이미 존재하는 자산들도 지역의 발전에 중요한 요인임에 틀림없지만 존재하지 않는 자산들을 새롭게 보완하고 부각시키는 역량과 그것을 실현할 조직들도 매우 중요한 역할을 수행한다.

이러한 자원들은 각각의 참여자들이 스스로 표출하고 상호 공유하면서 재구성하는 과정을 거친다. 자신들이 갖고 있는 자원을 공유재로 제공하고 그것을 공유하면 자원 배분의 효과성이 높아지고 추가적인 비용을 절감할 수 있다. 이러한 과정이 반복되면서 각 참여자의 역할이 재구성된다. 이 과정에서 각 참여자들은 하나의 공동체에 소속되어 있다는 공동체 의식을 느끼고 각자가 그 공동체에 지분을 가진 소유자라는 의식을 발전시킬 수 있다. 그러한 의식은 자신의 지역에 대한 몰입과 헌신으로 발전되며 더 많은 참여와 더 많은 자산의 공유로 나타날 수 있다.

결국 자산의 공유와 재구성은 연결망과 레짐의 형태로 구체화된다. 여기서 레짐의 개념은 특정한 규칙, 규범, 그리고 자원의 배분과 상호작용의 방식 등으로 구성되는 일종의 제도이다. 이러한 총체적은 문화적 제도들은 지속적인 상호작용과 교류를 통해 구성된다. 여기서 얼마나 효과적인 연결망과 레짐이 구성되었는가가 전체 클러스터의 성과를 좌우하는 중요한 요인이 된다. 연결망과 레짐 등은 변화하는 제도로서 지속적인 재구성 과정을 거칠 수 있다. 이러한 재구성 과정은 상호 교류와 이해가 있어야 하는 것으로 이러한 이해의 과정들은 서로 배우고 새로운 환경을 인식해 나가는 학습 과정을 수반하는 것이다. 그래서 지역혁신 클러스터의 형성과 발전을 공동체 및 제도 설계의 과정으로 이해할 때, 클러스터가 학습공동체로서의 모습을 갖추는 것이 매우 중요하다. 효과적인 학습공동체로서 서로를 이해할 때, 더욱 효과적인 연결망과 레짐 등이 구성되기 때문이다.

이러한 요소들을 토대로 형성되는 지역혁신 클러스터의 구조를 설명하면 [그림 3-2]와 같다. 지역혁신 클러스터는 외부 환경에 거시경제적 상황, 의사소통을 위한 기반 구조, 자본과 노동 등의 요소 시장, 그리고 전체 국가의 혁신 역량, 생산품 시장의 조건들, 그리고 우수한 인재를 양성하는 교육훈련 시스템이 있다. 이러한 시스템을 구성하는 참여자들은 기업과 그 기업들의 네트워크, 연구기관, 지원기관, 과학 시스템 등이 있다. 여기서 생산을 주로 담당하는 기관은 기업이지만 이들이 좀더 높은 생산성을 실현하고 새로운 시장을 개척하며 새로운 제품을 출시하는 데 연구기관과의 협력, 또는 다른 기업과의 협력이 필수적이다. 이러한 시스템을 효과적으로 설계하고 지식의 창출, 확산, 활용을 통해 경쟁력을 제고하여 국가의 성과를 높이는 것이 지역혁신 클러스터의 기본 구조이다. 그러한 구조는 이미 존재하는 기업들의 클러스터와 혁신과 학습을 위한 시스템으로 형성될 수 있다. 지역수준에서는 지역 내 기관들 사이의 체제가 필요하고 국가와 글로벌 수준에서도 혁신을 위한 체계가 필요하다.

[그림 3-2]에서 클러스터나 혁신 체제에 속한 기관들의 활동 가운데 가장 중요한 것은 지식의 창출과 활용이다. 새로운 지식의 생산과 공유를 위해서는 학습과 혁신이 필수적이다. 따라서 지역혁신 클러스터는 학습과 혁신이 활발하게 이루어지는 하나

[그림 3-2] 지역혁신 클러스터의 거버넌스

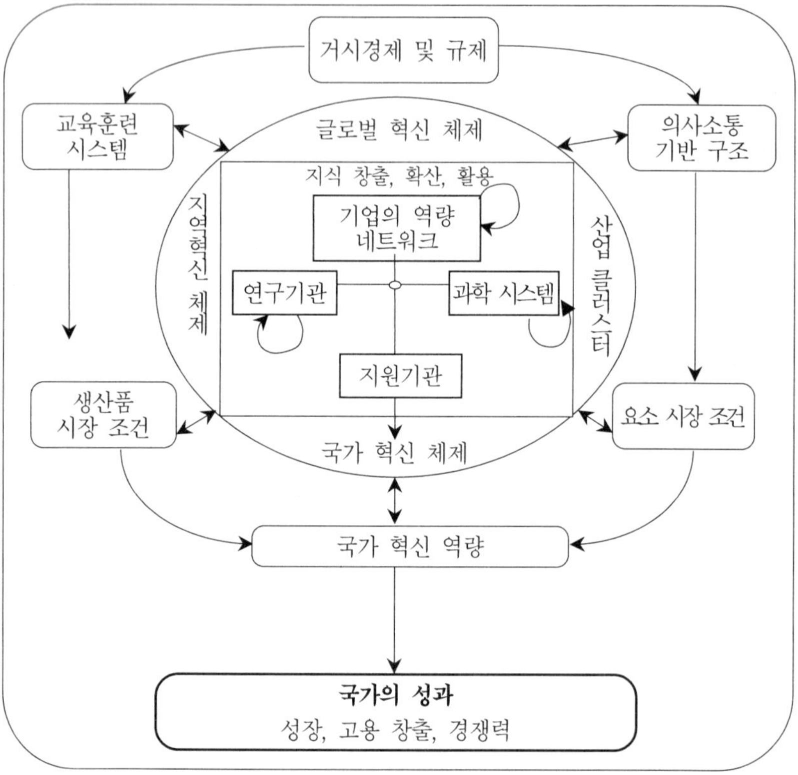

자료: OECD. (1999, 23).

의 학습공동체가 되는 것이 가장 이상적이다. 학습공동체는 다양한 구성 요소와 단계들로 구성된다. 제2절에서 학습공동체로서 지역혁신 클러스터는 어떤 의미가 있는지를 살펴본다.

제2절 학습공동체로서 지역혁신 클러스터

OECD(2001)의 보고에 따르면, 클러스터 이론과 모형은 매우 다양하기 때문에 현실적으로 클러스터의 이념형을 하나로 규정하는 것은 불가능하다. 역사적으로도 클러스터가 추구하는 목적에 대한 각종 전략이나 연구도 시대의 필요에 따라서 다르게 발전했다. 이런 맥락에서 볼 때, OECD(2001)는 최근의 클러스터 조성에 관한 이상적인 추세는 정보화를 기반으로 도래한 지식기반 사회에 적합한 학습공동체로 발전시키는 방안이라는 사실을 강조한다(Hertog et al., 1999). 이러한 관점은 지식기반 경제의 경쟁력은 혁신 능력에 의해 결정되고 혁신 능력은 다양한 기관의 창의적 상호작용과 기술의 발전, 그리고 기관 간의 협력적 연구개발 등 학습공동체 기능에 의해 좌우된다는 기본 가정을 내포한다(OECD, 1999).

그렇다면 완결된 클러스터의 형성을 위해 필요한 학습공동체(learning community)의 개념은 무엇인가? 학습공동체의 개념을 이해하기 전에 먼저 학습(learning)의 개념을 살펴볼 필요가 있다. 학습은 훈련, 교육 등의 유사 개념이 있기 때문에 오해의 소지가 많다. 따라서 학습의 개념을 이해하는 데 유사 개념과의 구별이 필수적이다. 학습은 새로운 지식과 행동 방식, 기술, 가치관, 취향, 이해 등을 습득해 가는 과정이며 매우 다양한 정보를 흡수할 뿐만 아니라 통합하는 과정을 포괄한다. 일반적으로 학습에는 특정한 문화에 적응해 가는 과정에서 그 문화에서 중시되는 비전과 목표, 가치관 등을 공유하는 것이 포함된다. 따라서 지역혁신 클러스터에서 참여자들이 공동의 비전과 목표를 추구하고 공유하는 것이 필요하기 때문에 학습 과정이 중요하며 학습공동체를 형성하는 것이 중요하다.

그렇다면 훈련, 교육과 학습은 어떻게 다른가? 훈련(training), 교육(education), 그리고 학습(learning), 이 세 가지 과정은 모두 새로운 기술과 문화를 수용하고 공유하는 방식이지만 사회경제적 환경이 변화함에 따라 그 강조점과 초점은 다르게 발전했다. 산업사회에서 개별 직원의 숙련도가 중요한 상황에서는 기술의 습득을 위한 훈련이 필요했다. 훈련을 위해서는 전문적인 기술을 가진 사람이 초빙되어 일선에서 기술을 활용하는 직원들에게 반복적인 실무교육을 시키는 방식이 유용하다. 이 방식은 대량 생산 체제를 기반으로 하는 포드주의적 산업사회에 적합했다. 그러나 이러한 반복된 훈련은 해당 기술을 필요로 하는 직원의 기술을 향상시키기 위해 매우 구체적이고 단기적인 목표를 추구한다.

그런데 조직의 단위가 커지고 사회생활이 다양한 결과를 초래하는 복잡한 산업사회가 도래하면서 구성원이 자신이 속한 조직과 개인의 미래에 대비한 전반적인 능력을 향상시키기 위해 복합적 응용 능력을 개발하는 교육이 필요하다. 교육의 실행 주체는 초빙된 강사가 담당하지만 교육의 대상자는 숙련직 또는 감독직으로서 전반적인 조직관리에 대한 지식이 이전된다.

학습은 개인, 팀, 조직, 그리고 자신이 속한 지역의 발전을 위한 전반적인 시각과 사고를 향상하여 환경의 변화에 적응하고 새로운 지식을 창조하는 과정이다. 학습은 조직 내 구성원의 상호작용에 의해 발생하므로 초빙된 강사보다는 동료 강사의 역할이 상대적으로 크다. 따라서 학습은 자신이 속한 조직과 지역의 혁신역량을 강화하는 데 매우 중요한 조건이며 이것이 조직 외에서 획득한 지식과 결합하여 큰 시너지 효과를 발휘하게 된다. 지식기반 사회에서 효과적인 지식관리를 위해서는 학습이 필수적이다. 타율적으로 발생하는 훈련이나 교육보다 구성원 모두가 지식을 생산하며 전달하는 그리고 자율적, 참여적, 민주적으로 그 지식을 혁신에 활용하는 과정은 학습조직에서 강조되는 요인이다. 따라서 학습의 과정은 지식의 습득을 통한 적응과 새로운 지식의 창조로 완성되는 것이 아니다. 조직 전체가 새로운 이해를 바탕으로 변혁되는 과정을 포괄하는 것이다. 이러한 학습의 개념을 바탕으로 하여 학습공동체를 이와같이 지식을 창조, 획득 그리고 이전하는 데 능하고 새로운 지식과 통찰력을 반영하여 그 행태를 유연하게 변화시킬 수 있는 공동체라고 정의할 수 있다. 결국 지역혁신 클러스터도 지식의 활용을 통한 적응, 새로운 지식의 생성 그리고 새로운 지식을 반영한 조직 행태의 변화의 세 단계가 완결될 때 지속 가능성이 유지될 수 있다.

그렇다면 지역혁신 클러스터는 적응, 생성, 행태 변화의 세 가지가 이루어지는 학습공동체로 발전하기 위해서 어떤 조건을 충족시켜야 하는가? 그 해답은 지역사회에서 공동체 형성의 중요성을 역설한 공동체주의적 관점에서 찾을 수 있다.[1] 공동체주의자 샌들(Sandel, 1982)은 공동체로부터 분리된 자아(detached self)를 비판하고 공동체에 자리매김한 자아(situated self)의 중요성을 강조한다.[2] 그는 공동체의 개념을 도구적 공동체(instrumental community), 정감적 공동체(sentimental community) 그리고 구성적 공동체(constitutive community)의 세 가지로 구분한다.[3]

---

1) 이 연구에서의 정치철학적 논의는 1980년대 이후 정치철학 분야의 핵심 쟁점이었던 자유주의와 공동체주의 논쟁에서 파생된 공동체의 유형에 관한 논의를 말한다.

2) 대표적인 공동체주의 정치철학자들로 매킨타이어(Alasdair MacIntyre), 샌들(Michael J. Sandle), 왈처(Michael Walzer) 그리고 에치오니(Amitai W. Etzioni)등 많은 사람들이 있으나 공동체의 개념과 성격을 구체적으로 제시한 대표적인 학자가 이 연구에서 인용한 샌들이다.

3) 위에서 지적한 세 가지 공동체적 관념은 자유주의와 공동체주의 간의 치열한 논리적 공방 속에서 탄생한 것이지만 정감적 공동체와 구성적 공동체관의

따라서 지역혁신 클러스터의 조건을 이 세 가지 공동체 개념에 대입하여 설명할 수 있을 것이다.

도구적 공동체에서는 공동체보다 구성원들이 더 중요한 실체가 된다. 그리고 공동체는 단지 개인들의 사적 목표를 추구하기 위해 집결한 단체에 지나지 않는다. 구성원들은 적극적으로 공동체를 형성하는 것이 아니며 단지 지리적으로 근접한 곳에 자신의 이익에 도움을 줄 다른 구성원이 위치한 경우에만 협력한다. 개인은 오로지 사적 이익을 추구하기 때문에 공동체는 사적 이익을 충족시켜 줄 수 있는 경우에만 개인의 도구로서 기능하며 그렇지 못할 경우에 공동체는 의미를 상실한다.[4] 연결망이나 협력이 전혀 없는 산업지구나 공단으로서의 클러스터는 도구적 공동체의 관점에서 이해할 수 있다. 개인은 낮은 지가를 목적으로 입주하고 운영자는 하드웨어의 관리에만 관심을 두면서 비용 절감 효과만을 목표로 삼는 초보적인 수준의 클러스터는 도구적 관점에 의해 조성된다. 국가가 산업지구형 클러스터를 조성하는 가장 주된 목적은 관련 산업의 연관 효과를 높여 전체 산업의 생산성을 향상시키는 데 있다. 즉 산업지구 내의 경제적 가치사슬이 적절하게 형성되면 도구적 공동체로서 클러스터는 그 기능을 다하는 것이다.

타협이 전혀 불가능한 것은 아니다. 오히려 공동체 개념은 필요에 따라서 조화롭게 이해될 수도 있다. 정감적 공동체와 구성적 공동체관이 핵심 주체는 달리 이해할 지라도 공동체와 구성원들이 심리적으로 연계되어 협약과 계약을 중시하고 비전과 가치를 공유하며 사회적 자본을 발전시켜 나가는 것이 유용하다는 데는 동의한다. 그런 의미에서 위의 두 가지 공동체관은 지식정보화 사회의 산업 클러스터에서 구성원들의 자발적인 협력과 교류는 개별 조직의 발전을 위해서 필요하며 나아가서 공유된 최종 목표를 위한 협력은 그 자체로서 선(the good)이라는 사실을 역설한다.

4) 현재 자유주의자와 공동체주의자 모두 오로지 사익을 최선의 가치로 여기고 독립적인 경제활동을 중시하는 도구적 공동체에 대해서는 비판적이다.

정감적 학습공동체에서 개인은 여전히 중요하다. 그러나 정감적 공동체의 개인들은 도구적 공동체의 개인들과는 다르다. 공동체에 속한 개인과 조직들이 자신의 필요에 따라서 제휴하고 협력하는 공동체가 정감적 공동체이다. 구성원들은 자발적인 동기에 의해서 같은 이익을 추구하는 다른 참여자들과 협력한다. 클러스터에서 발생하는 각종 전략적 제휴가 정감적 공동체관에 입각한 협력의 유형을 구성한다. 전략적 제휴의 틀 속에서 일단의 기관들은 생산품뿐만 아니라 기술과 서비스의 교환, 공유, 공동 개발 등을 위해 조성된 자발적 구조에 참여한다. 이러한 단계에서 보여 주는 특징은 그 제휴의 범위가 단 하나의 산업에 국한되지 않는다는 사실이다. 유사한 상품과 필요한 서비스가 있으면 산업의 범위를 넘어서도 협력은 발생한다. 일반적으로 제휴 네트워크(alliance network)라는 이름으로 많은 기업이 협력하여 형성하는 업종별 연합체(trade association)나 연구개발 컨소시엄(R&D consortium)과 같은 조직체가 활성화되어 있는 클러스터는 정감적 공동체관에 근거한 클러스터로 분류할 수 있다.

도구적 공동체와 정감적 공동체가 개인을 중시하는 자유주의적 전통에서 도출된 개념이라면 공동체주의자인 샌들은 완결된 형태의 이념형적 공동체로 구성적 학습공동체를 추구한다. 구성적 공동체에서는 공동체가 개인에 우선한다. 여기서 공동체는 구성원들을 공동체 의식에 의해 결합시키고 그렇게 결합된 개인은 공동체에 대한 헌신, 그리고 다른 구성원과의 긴밀한 협력과 문화의 공유를 통해 시너지 효과를 생산한다. 이러한 맥락은 클러스터의 형성과 운영의 과정에서도 적용된다. 클러스터 거버넌스에서 하나의 본부에서 클러스터의 운영 과정을 지원·조율하고 전체 네트워크에 속한 다양한 기관과 제휴 네트워크는 전체 클러스터의 목적과 방향에 기여하는 범위 내에서 개별 이익을 추구하는 방식으로 운영된다. 본부의 관리자는 클러스터를 이끌기 위한

〈표 3-1〉 공동체 형성의 시각에서 본 클러스터의 기능별 특성

공동체관	도구적	정감적	구성적
본질	개인	개인	공동체
클러스터 설립 동기	개인적 이윤	개인적 이윤	공동체적 가치
운영 메커니즘	시장적 거래	전략적 제휴와 협력	영구적 신뢰와 가치
기관 간 연계 정도	낮음(경쟁)	높음(경쟁과 협력)	매우 높음(협력과 헌신)
참여자의 유인	낮은 지가	제휴에 참여	비전의 공유. 신뢰 형성
관리자 의 역할	하드웨어적 기반 구조의 관리	전략적 제휴 관계의 조성	리더십의 발휘, (학습)공동체의 형성
클러스터 유형	산업지구	산업 클러스터	혁신 클러스터

자료: 복득규(2003), 기영석(2004) 그리고 Inkpen & Tsang(2005)의 재구성.

리더십을 발휘하고 학습과 혁신을 위한 공동체를 구성하는 데 주력하고 참여자는 네트워크 참여가 주는 사회적 의미 즉 신뢰와 목표의 공유에 동기 유발된다. 세 가지 공동체관에 입각한 클러스터의 기능별 특성을 요약하면 <표 3-1>과 같다.

가장 이념형에 적합한 모형은 구성적 학습공동체가 구현되는 클러스터일 것이다. 클러스터의 참여자들이 공동체 의식에 의해 결합되고 개인들마다 공동체에 대한 헌신과 협력, 문화의 공유에 기꺼이 참여하는 경우 경제적 성과가 높아질 뿐만 아니라 사회적 관계도 원활하게 유지되어 지속 가능성이 높아질 것이다. 학습공동체로서의 지역혁신 클러스터는 이와같이 지속 가능성을 추구함과 동시에 상호 의존 관계가 풍성한 하나의 생태계로 발전될 때, 환경에 유연하게 적응하면서 경쟁력을 제고하는 데 기여할 수 있다.

제 3 절 클러스터의 학습과 혁신을 촉진하는 조건

혁신 클러스터에서 학습공동체의 형성이 중요하다면 학습공동체의 형성 과정에서 중시되어야 할 요인이 바로 문화적 거리의 축소이다. 학습공동체에 대해 렝그랜드(Lengrand, 1970)는 개인이 출생에서 죽을 때까지 수행하는 수직적 학습과 개인과 조직·산업적 차원의 수평적 학습을 통합할 때 가능하다고 주장한다. 따라서 클러스터에서 중요한 혁신과 학습을 강화하기 위해서 클러스터 참여자들은 다른 구성원과의 문화의 공유를 통해 즉 문화적 인접성을 통한 시너지 효과를 생산해야 한다.

이와 같은 맥락에서 혁신 클러스터의 성과 향상에 구성적 공동체의 시각이 중요한 것이며 이 시각을 뒷받침하는 이론적인 배경을 구성주의 학습이론(constructivist learning theory)에서 찾을 수 있다(Driscoll, 2000). 구성주의 학습이론에서 학습자들은 전체 산업에서 자신이 처한 맥락에서의 능동적인 경험을 통해 자신에게 적합한 지식을 구성한다는 점을 강조한다(Bruner, 1966). 클러스터의 참여자가 직접 전체 클러스터의 의미를 구성한다는 점에서 적극적이고 능동적인 참여자를 요구한다. 따라서 개별 참여자는 비판적·반성적 사고, 문제 해결 능력의 함양이 필요하며, 그러한 결과를 얻기 위해 목표의 공유나 문화의 공유와 같은 인지적 측면과 신뢰의 확보와 같은 관계적 측면에서 발견된다(Nahaphiet & Ghoshal, 1998).

클러스터의 지식 성과에 대한 문헌에서도 문화적 인접성이 지식 성과를 자기 주도적으로 형성해 나가는 데 도움을 준다는 사실이 이미 밝혀지고 있다. 상호 신뢰의 수준이 높으면 굳이 공식적인 협력·감독 체계를 설계할 필요성이 사라지고 감시와 협상에 투자하는 시간이 감소하므로 관계 기관들은 더 많은 자원을 혁신과 학습 과정에 투입할 수 있다(Dyer & Singh, 1998). 그리고 레인과 루바트킨(Lane & Lubatkin, 1998)은 동일한 규범을 공유하고 있을 때 혁신과 학습이 촉진된다는 사실을 밝혔다. 나아가서 런드발(Lundvall, 1998)도 클러스터를 통한 학습과 혁신의 확산을 위해서는 목표와 비전의 공유가 필수적이라고 밝힌 바 있다.

결국 혁신 클러스터의 지식 성과를 향상시키는 데 신뢰, 규범, 목표의 공유를 통해 문화적 근접성을 높이는 것은 매우 중요하다. 따라서 혁신 클러스터의 관리자는 단순히 하드웨어나 협력 관계를 관리 유지하는 차원을 넘어서야 한다. 즉 클러스터의 문화적 인접성을 높이기 위해 관리자는 새로운 비전을 제시하고 그러한 비전에 맞는 공동체로서의 문화를 형성하고 구성원들과 효과적으로 의사소통하는 리더로 발전하는 것이 필요하다(Drucker, 2002).

<표 3-2>는 공동체로서의 클러스터에서 조직 간 관계와 문화적 인접성의 조건을 제시하고 있다.[5] 전통적 조건과 대비되는 바람직한 조건은 개방적인 조직 간 관계와 깊고 넓은 비전과 목표의 공유를 전제로 한다. 조직간 관계는 지식 성과에 대해 매우 중요한 영향을 미치는 요인이다. 인접성의 향상을 위한 대안은 클러스터에 입지한 기관들 사이의 정치적·경제적 성과를 향상시

---

5) <표 3-2>는 Inkpen & Tsang(2005)의 연구를 재구성한 것이다. 그들은 지식 이전의 성과를 향상시키기 위해 필요한 조직적 구조, 사회적 관계 등의 다양한 영역에 따라 기관 간 제휴의 발전 단계에 따라 기존 문헌을 중심으로 적절한 대안을 제시하고 있다. 그 대안의 구분은 이 연구가 초점을 맞추고 있는 조직 간 인접성과 문화적 인접성의 개념 영역과 대체로 일치한다는 점에서 이 연구의 대안으로 도출하는 데 큰 의미를 준다.

〈표 3-2〉 지역혁신 클러스터의 지식 성과의 향상을 위한 조건

	주요 변수	전통적 조건	→	바람직한 조건
조직간 관계	기업 간 하청 관계	반복된 거래와 교역		인적구성원의 공유
	연구개발 협력체	개인적 관계에 의한 연계		지적 자원의 비경합적·제도적 활용
	기업·정부 협력체	공공기관에 의한 관리		정부에 의한 분권화
	발전의 방향	폐쇄적·역동적	→	개방적·안정적
문화적 측면	신뢰의 공유	인적 연계에 의거한 상업적 거래 관계		명료하고 투명한 보상기준에 의거한 불신의 제거
	규범의 공유	지적 자원의 거래를 규율하기 위한 비공식적 다원적 규범		지역사회와 국가의 비전에 순응
	목표의 공유	상호작용의 논리		비전과 전체 목적의 공유
	발전의 방향	얕고 좁음	→	깊고 넓음

자료: Inkpen & Tsang(2005: 152)의 재구성.

키기 위해 구조적 거리를 축소시키는 방향으로 구성된다. 그 기본적인 방향은 폐쇄적이고 역동적으로 변화하는 조직 간 관계를 더 개방적이고 안정적으로 발전시키는 것이다.

조직 간 관계에서 기업 간 하청 관계는 반복된 거래와 교역을 통한 관계를 초월해서 기업 간 인적 구성원을 공유할 정도로 협력 관계가 발전할 때 지적 성과가 높아질 것이다. 현대 기업 조직들은 다양한 기업과의 교류와 협력을 위해 지배 구조를 개편하는 과정에서 이사회를 연계하거나 직원들을 교환하는 체계를 적극적으로 활용한다(Daft, 2001). 클러스터 소속 기관들의 인적 교류를 통해 조직 간 모방과 학습의 기회를 제공하는 것은 새로운 사고와 혁신 역량을 이전하는 데 적합하다.

기업과 연구기관 간의 협력 관계도 초보적인 수준에서는 연구기관과 기업의 개인적 연줄을 중심으로 형성되지만 좀더 발전적

인 대안으로 승화되기 위해서는 지적 자원을 비경합적으로 공유할 수 있는 제도적 장치를 마련하는 것이 중요하다. 그런 의미에서 현재 원주지역 의료기기 클러스터에서 적극적으로 활용 방안을 모색하고 있는 미니클러스터를 통한 기업과 연구기관 간의 지속적인 교류 제도는 조직적 인접성을 향상하는 데 도움을 줄 것이다.

마지막으로 클러스터 내에 존재하는 기업과 정부기관과의 협력체에서 특히 한국적인 상황에서는 공공기관에 의한 집권적인 관리 체계가 만연되어 있다. 그러나 클러스터에서 혁신과 학습의 역량을 향상시키고 산업경쟁력을 향상시키는 데는 분권적인 관리 방식이 적절하다. 그랜트(R. M. Grant)의 연구는 "특정 기관에서 명시적 지식과 묵시적 지식을 포괄한 지적 자원을 통합하고 그것을 가진 사람만 그 지식을 활용하면 기관들 사이의 계층제적인 조정은 실패한다"(Grant, 1996: 118)고 결론을 내린 바 있다. 따라서 클러스터의 분권적인 관리 체제를 통해 다양한 지적 자산을 공유하고 확산할 수 있는 방안을 모색할 필요가 있다. 즉 민주적인 과정을 통해 진행되는 혁신이 지속 가능하고 널리 확산될 것이기 때문이다.

문화적 측면은 지식 성과를 높이는 데 기여하기도 하지만 경제적인 측면에서도 중요하다. 문화적 인접성의 발전 방향은 학습공동체로서 클러스터의 문화를 참여기관들이 넓고 깊게 공유하도록 하는 것이다. 문화적 공유의 폭이 넓을 경우 학습공동체에서 중시되는 상호 이해와 자기 성찰에 입각한 자기 주도적 혁신이나 학습이 발생하기 쉽기 때문이다. 그 구체적인 전략을 신뢰, 규범 그리고 목표의 공유의 순서대로 나열한다.

첫째, 클러스터에서 공유되는 지적 자산을 명확한 보상으로 보호하기 위한 공식적·비공식적 체제의 확립이 중요하다. 신뢰의 수준과 관련해서 전통적인 클러스터의 신뢰 관계는 개인 간의 연줄을 기초로 발전하고 그러한 연줄을 토대로 발생하는 상업적 거래 관계를 중심으로 형성되었다. 그러나 지식 성과를 높이기 위해서 새로운 아이디어와 혁신을 위한 역량을 제공하는 경우 명확하고 투명한 보상을 지급할 수 있는 시스템을 설계하여 지식 성과를 공유하는 과정에서 기회주의적인 행태(opportunism)가 발생하지 않도록 신뢰의 문화를 확산하는 제도적인 장치를 마련하는 것이 중요하다. 그것은 성과에 대한 보상 시스템을 완비하기 위해 지적재산권에 대한 확고한 기준을 마련하고 지식정보는 지식관리 시스템 등 자료저장소(data-warehouse)에 체계적으로 저장하는 방식으로 실현될 수 있다. 그리고 클러스터 관리자의 중요한 임무로서 아이디어에 대한 소유권의 보장을 위해 지식정보에 대한 소유권을 중시하는 문화를 형성하는 것이 중요하다.

둘째, 규범적인 측면에서 클러스터에는 다양한 기관들이 개입할 수밖에 없기 때문에 매우 다양한 규범이 발전하는 경향이 있다. 그러나 좀더 효과적인 지식의 공유와 확산을 도모하기 위해서 클러스터의 관리자와 리더는 전체 클러스터 기관들을 규율할 수 있는 지역사회의 규범이나 국가적 규범을 모색하는 것이 효과적이다. 기관들 사이에서 다양하게 발전하는 규범 체계는 지식의 이전이 있을 경우에 불필요한 갈등을 유발할 수도 있다(Bhagat et al., 2002). 따라서 전체 지역사회의 규범과 국가의 정책 목표에 클러스터의 규범을 합치시키는 경우 불필요한 문화적 갈등을 줄이고 문화적 격차를 줄일 수 있다(Inkpen & Tsang, 2005).

마지막으로 목표의 공유에서 기존의 클러스터에서는 상호작용의 논리에 따라서 혁신과 학습이 발생한다. 즉 다양한 기관들이 활발하게 상호작용을 하면 새로운 지식이 발생하고 그러한 새로운 지식을 통해 습득하는 과정에서 혁신과 학습이 발생한다는 것이다. 그러나 좀더 발전적인 문화적 연계를 확보하기 위해서 상호작용뿐만 아니라 명확한 비전을 제공할 필요가 있다. 비전이 명확해지면 당사자들은 상호작용의 방식을 공유하게 되며 사고와 자원을 공유하는 과정에서 구성주의적 학습공동체를 형성할 수 있다(Tsai & Ghashal, 1998).

이상과 같이 지역혁신 클러스터를 학습공동체화하기 위해 필요한 조직 간 관계, 문화적 인접성 등의 조건을 이해할 수 있다. 일반적으로 2000년대 이후 제시되는 혁신 클러스터에 대한 연구들은 지역 내 산업 발전에서 다양한 주체의 긴밀한 연계와 문화적 인접성이 지역 경제 발전에 중요하다는 논리를 제시한다. 이러한 논거를 토대로 이 책에서는 한국에서 지역산업의 발전을 위해 자생적인 발전을 모색하고 있는 원주 의료기기 클러스터의 주요 쟁점을 분석하게 될 것이다. 분석 과정에서 클러스터의 비전과 목표의 탐색과 공유를 통한 학습공동체적 성격의 발전과 조직 간 관계, 문화적 인접성의 발전 경로를 검토하게 된다. 그리고 학습과 혁신을 둘러싼 몇 가지 쟁점을 분석한다. 이 과정에서 과연 21세기에 접어드는 과정에서 제시된 지역의 자생적 발전 모형과 학습과 혁신의 중요성이 실제로 설득력이 있는지를 판단할 수 있을 것이다.

제 4 장 원주 의료기기 클러스터의 사회적 구조

이론적 검토에서 살펴본 바와 같이 클러스터에 관한 연구는 지역 군집을 통한 규모의 경제의 실현에 초점을 맞춘 경제학적 관점에서 출발했다. 자연스럽게 클러스터의 경제적 효과 및 경제학적 분석은 자주 이루어졌으나 클러스터의 정치적·사회적 측면에 대한 관심은 많지 않았다. 그러나 클러스터의 정치적·사회적 분석은 매우 중요하다. 21세기 지식정보화 사회에서 지역경쟁력을 제고하는 핵심적인 역할을 하기 위해서는 클러스터에서 발생하는 명시적(explicit)·암묵적(tacit) 지식의 이전과 학습이 활발하게 유지되어야만 한다. 클러스터가 이와 같은 학습공동체로서 기능하고 지속 가능한 발전을 달성하기 위해서는 정치적으로 민주적인 담론구조, 그리고 사회적으로 구성적(constitutive)인 구조가 형성되어야만 한다. 그런 의미에서 이 장에서는 원주 의료기기 클러스터의 정치적·사회적 구조를 개괄적으로 평가할 것이다.

제1절 지역혁신 클러스터의 사회적 구조

지역혁신 클러스터의 개념에 따르면 지역혁신 클러스터는 주로 지리적 인접성, 협력적 연계, 그리고 문화와 학습 효과 등의 세 가지 차원으로 구성된다. 각각의 차원은 <표 4-1>에서 나타내는 변수들로 구성된다. 지리적 인접성과 협력 관계의 차원은 주로 네 가지 요인에 의해서, 그리고 문화와 학습 효과는 여섯 가지 세부 요인으로 구성된다.

먼저, 지리적 인접성 차원에서 클러스터를 구성하고 있는 기업과 기업 간의 인접성은 클러스터의 경쟁력을 높이는 데 매우 중요한 요인이 된다. 동일한 제품을 생산하는 기업의 인접은 기업 간 학습 효과를 유발할 수 있고 경쟁의 유발을 통한 비용 절감이나 차별화 전략의 매우 중요한 동인으로 작용한다(Porter, 1998). 뿐만 아니라 부품 공급업체가 인접해 있으면 운송비용을 절감할 수가 있고 기술적 문제점 발생 시 신속한 대응이 가능하다는 장점이 있다. 나아가서 소유주와 근로자들의 협력 가능성을 높이고 중요한 자본의 수준을 제고할 수도 있을 것이며 그것은 전체 클

〈표 4-1〉 지역혁신 클러스터의 세 가지 차원과 주요 변수

요인	지리적 인접	조직 간 협력 관계	문화 및 학습 효과
변수	• 기업 간의 인접 • 기업, 대학, 연구기관의 인접 • 정부관련 기관의 인접 • 법률 및 세무 관련 기관의 인접	• 기업 간 협력 관계 • 기업 간 하청 관계 • 기업과 대학 간 협력 관계 • 기업과 정부기관의 협력 관계	• 신뢰 • 규범 • 방향과 목표의 공유 • 기업 간 상호학습 • 대학과의 연계를 통한 학습 • 기업, 대학, 정부기관의 연계

러스터의 경쟁력과 직결된다(Rosenfeld, 1997).

둘째, 클러스터 내에 입주한 기업들은 대학, 연구기관 등 지식을 창출하는 기관과 인접해야 한다. 지식의 지속적인 확산과 기술적 발전은 클러스터의 경쟁력 향상에 매우 중요한 요인이다(OECD, 2001). 대학과 연구기관에서 생산되는 지식이 신속하게 기업으로 이전되기 위해 지식과 인력에 대한 공통의 관심이 있는 기업들이 지식 생산기관인 대학과 연구기관에 인접해야 한다는 것이다.

셋째, 클러스터에는 정부 관련 업무를 처리할 수 있는 기관이 인접해야 한다. 일반적으로 제품을 생산하는 생산기업은 투자 비용을 절감하기 위해 도심을 벗어난 곳에 입지하는 경향이 있다. 그럼에도 불구하고 정부관련 공공기관과 지속적으로 교류해야 하므로 공공 서비스 처리를 위한 정부기관이 인접할수록 비용 절감 효과가 있을 것이라고 가정할 수 있다.

마지막으로, 법률 및 세무 관련 서비스를 제공하는 기관의 인접성도 클러스터 경쟁력을 제고할 수 있다. 제품 규격에 대한 인증, 법률적인 문제, 세무와 연관된 문제들을 클러스터의 업종별 특성과 연관하여 처리할 수 있는 기관의 역할은 매우 중요하다.

협력 관계 영역도 네 가지 변수로 구성된다.

첫째, 지리적으로 인접한 클러스터 내의 기업들은 그 동료 기업들과 규칙적으로 교류하기 위한 연결망(network) 또는 중간조직(intermediary association)들로서 서로 연계되어야 한다. 이와 같은 네트워크의 유무는 전체 클러스터의 사회적 자본으로 기능하고 사회적 자본은 전체 공동체의 편익을 창출하는 역할을 수행하는 것이다.

둘째, 하청 관계의 강도도 클러스터의 경쟁력에 중요한 요인으로 작용한다. 부품 공급자와 제조업자와의 연계와 협력은 전체 산업의 수직적 통합성의 효율성을 제고한다. 기관들 사이의 원활한 협력을 위해 마련된 상시적 조정 기구는 협력의 제고와 분쟁의 해결 등을 통해 경쟁력 제고에 기여한다.

셋째, 기업과 대학 사이의 협력 관계는 기업의 기술적 능력을 꾸준히 제고하는 장점이 있다. 그뿐만 아니라 경영혁신과 새로운 틈새시장에 대한 정보, 마케팅 등의 풍부한 지식자원을 활용할 수 있는 대학의 인접을 넘어서 협력 관계가 상시적으로 가동된다는 것은 기업과 전체 산업의 경쟁력 제고에 기여한다.

마지막으로, 정부기관과의 협력 관계도 매우 중요하다(Lundvall, 1992). 정부기관은 각종 정책을 입안하고 전달 집행하는 기관이며 정부의 정책이 비로소 실현되는 기관이다. 특히 혁신 클러스터에서 정부기관은 기업과 연구기관과의 관계에서 지식을 확산 전파하는 역할을 수행한다. 대학에서 생산된 지식은 정부기관을 통해서 기업으로 확산된다. 그리고 각종 규제와 보조 등의 다양한 정책 수단이 집행되는 통로로서 기능하는 것이 정부기관이다.

문화와 학습 능력은 지역혁신 클러스터에서 가장 핵심적인 영역으로서 인접한 기관들이 시너지 효과를 발현하는 데 기여하는 사회적 기반구조와 연관된다.

먼저 조직 간 신뢰는 클러스터에 내재된 문화적 특성의 하나로서 많은 학자들에 의해 경쟁력에 영향을 주는 요인으로 밝혀진 바 있다(Fukuyama, 1995: 7).

둘째, 규범은 클러스터 내에 존재하는 비공식적인 계약에 해당하는 요인이다. 이와 같은 비공식적 규범은 전체 산업에 해가 되는 행위에 대한 사회적 제약에 대한 정당성을 제공하고 사회적 감시와 통제를 가함으로써 기회주의적 행동, 소극적 행동을 제어하는 역할을 수행하는 것이다(Coleman, 1998).

셋째, 동일한 가치관의 소유 여부는 클러스터의 응집력을 높여 클러스터를 조직화된 사회구조로 기능하도록 하는 암묵적 동인이 된다.

넷째, 상호 학습은 기업이 서로 부족한 부분을 학습 효과를 통해 유연하게 받아들이는 것을 말한다. 학습 효과는 비용 절감의 차원을 넘어서 새로운 기술, 관리 기법 등의 영역에서 공식적·비공식적 지식을 습득하는 것으로 학습 능력이 원활하게 갖추어진 클러스터는 끊임없는 진화의 과정을 통해 그 경쟁력을 높이게 된다.

마지막으로, 대학과 정부기관 등과의 연계를 통한 혁신은 지식생산기관, 지식 확산기관 등과의 연계를 통한 혁신 능력도 클러스터의 경쟁력을 좌우하는 변수가 된다.

제 2 절 원주 의료기기 클러스터의 사회적 구조 분석을 위한 조사 방법

1 조사 도구

클러스터의 사회적 구조를 구성하는 주요 변수는 이미 앞에서 검토된 문헌분석의 결과에 따라서 제시된다. 이러한 변수들은 모두 설문조사를 통해 측정된다. 위의 분석틀에 따라서 설정된 가설의 측정 도구는 다양한 문헌(Rosenfeld, 1997; Tsai & Ghoshal, 1998; 과학기술부·대구광역시, 2003)에서 제시되고 있는 조사의 도구를 원주시의 맥락에 부합하도록 수정하여 활용했다. 설문의 자세한 내용은 <표 4-2>에서 제시했다. 개인적 특성을 측정하기 위한 문항 이외의 모든 설문 문항은 5점 척도로 구성된다. 그리고 이 문항들을 사용하여 측정한 원자료들은 이 책의 쟁점 분석에 관한 세 장 모두에서 사용되어 각기 다른 통계 기법으로 분석되었음을 밝힌다.

〈표 4-2〉 측정 변수의 구성과 설문 내용

변 수		설문 내용
독립변수	기업 간 인접성	원주 의료기기 클러스터에 있는 기업과 기업들은 서로 지리적으로 인접해 있다.
	기업과 연구기관 간 인접성	원주 의료기기 클러스터에 있는 기업, 대학 및 연구기관들은 지리적으로 인접해 있다.
	정부기관의 인접성	원주 의료기기 클러스터에 행정 지원을 해 주는 정부 관련 기관(부서)이 지리적으로 인접해 있다.
	특별 서비스 기관의 인접성	원주 의료기기 클러스터에 법률 및 세무 관련 지원을 해 주는 기관이 지리적으로 인접해 있다.
	기업 간 경제적 연관 관계	원주 의료기기 클러스터에 있는 기업 간에 경제적 하청 관계가 잘 구축되어 있다.
	연구개발 협력 관계	원주 의료기기 클러스터에 있는 기업과 연구기관 간에 협력 관계가 잘 구축되어 있다
	기업과 정부 간 협력 관계	원주 의료기기 클러스터에 있는 기업과 행정적 지원을 위한 정부 관련 기관(부서) 간에 협력 관계가 잘 구축되어 있다.
	규범의 공유	원주 의료기기 클러스터 참여기관들은 지켜야 할 규범을 잘 지키고 있다.
	신뢰의 공유	원주 의료기기 클러스터 참여기관들은 서로 신뢰하고 있다.
	목표의 공유	원주 의료기기 클러스터 참여기관들은 나아가야 할 방향과 목표를 공유하고 있다.
종속변수	비용 절감 효과	원주 의료기기 클러스터에 있는 기업은 그렇지 않은 기업보다 더 많은 경영상 비용 절감 효과를 거두고 있다.
	학습 효과	원주 의료기기 클러스터에 있는 기업은 상호 연계를 통해 상호 학습하고 있다.
	혁신 효과	원주 의료기기 클러스터에 있는 기업은 상호 연계를 통해 기업을 혁신하고 있다.

2 설문조사 대상

설문조사의 대상은 원주 의료기기 클러스터의 참여자이다. 클러스터를 구성하는 주체는 기업, 대학 등 연구기관, 그리고 정부기관으로 구성된다. 이 연구의 자료 수집을 위해 설문조사를 실시했고, 이에 응답한 54명의 참여자를 분석 대상으로 했다. 설문조사는 개인적 특성에 관한 내용을 포함하여 기업에서는 중간관리층 이상의 직원이 연구기관에서는 클러스터와 직접적인 연관관계를 맺고 있는 의용공학, 경제학, 행정학 전공 중심의 대학교수 또는 연구원 그리고 정부기관에서는 원주시청에서 클러스터 지원 업무를 담당한 적이 있는 공무원을 시청으로부터 추천받아 그들로 하여금 응답하게 했다.

이 연구에 포함된 대학교수와 공무원은 단지 인근 대학에 종사하고 있는 관찰자들이 아니고 실제로 클러스터 사업에 참여하고 있는 인물들이다. 따라서 모든 조사 대상은 원주 의료기기 클러스터 사업의 참여자 목록에 등재되어 있거나 미니클러스터에 참여하고 있는 인물들로서 클러스터의 전반에 대해 매우 정통한 정보를 갖고 있는 사람들이다. 설문조사의 신뢰성을 극대화하기 위해 클러스터에 정통한 인물로 조사 대상자를 한정했기 때문에 표본의 크기가 비교적 작은 편이지만 개별 응답의 오류는 매우 작을 것으로 판단된다.

조사 대상자의 인구통계학적 특성은 <표 4-3>과 같다. 조사 대상자 중 남성이 많은 것은 관련된 의용공학 전공 교수들과 의료기기 제조업체의 관리자의 대부분이 남성이기 때문이다. 응답자들의 근무지에 대한 결과를 보면 원주시 일원에 조성된 공업단지가 다수를 이루고 있음을 알 수 있는데 테크노밸리는 원주시에

〈표 4-3〉 설문 응답자의 인구통계학적 특성

변수	구분	빈도	비율
성별	남성	48	88.9
	여성	6	11.1
나이	20~29세	16	29.6
	30~39세	24	44.4
	40~49세	14	24.1
학력	고졸 이하	4	7.4
	전문대 졸업	8	14.8
	대학교 졸업	33	61.1
	대학원 이상	9	16.7

변수	구분	빈도	비율
근무지	원주	35	64.8
	테크노밸리	19	35.2
직업	기업체	37	77.7
	대학, 연구소	11	22.3
	공공기관	4	7.4
	기타	2	3.7
종사기간	1년 이하	23	42.6
	1~2년	21	38.9
	2~3년	5	9.3
	4년 이상	5	9.3

입지한 연세대학교 원주 캠퍼스 내에 있는 연구단지 및 창업보육센터를 말한다. 따라서 테크노밸리 응답자들 중에는 창업한 지 얼마 되지 않은 창업보육센터에 입주한 기업체 관리자와 의용공학 전공 교수 및 연구 인력이 포함되어 있다.

3 분석 방법

주된 분석 방법은 빈도분석과 인식의 집단 간 일치도 분석(concurrence analysis)을 활용했다. 빈도분석은 각각의 문항별로 조사된 5점 척도를 그대로 활용하여 응답된 수치의 평균과 표준편차를 중심으로 분석하고 있다. 그리고 인식의 일치도 분석은 일찍이 1960년대에 문화와 민주주의 등에 관한 연구를 수행한 버바(Sidney Verba)에 의해 개발된 것으로 이 연구는 그들의 연구를 수정한 계산법을 활용하여 분석했다.[1] 이 연구에서 일치도가 높은 것은 발전 방향에 대한 기대를 현재의 상황이 이미 충족시키고 있다는 것을 뜻하는 것이며, 일치도가 낮은 것은 발전 방향에 대한 기대와 현재의 상황에 대한 인식의 격차가 크다는 사실을 의미한다.

제 3 절 원주 의료기기 클러스터의 사회적 구조 분석의 결과

혁신 클러스터의 효과성을 좌우하는 주된 요인들은 지리적인 인접성, 협력 관계, 그리고 문화와 학습 능력으로 구분된다. 인구통계학적인 요인을 제외한 전체 설문 문항은 31개로 구성되며, 그 중에서 클러스터의 현재 상황에 대한 인식을 묻는 항목이 16개, 규범적인 발전 방향을 묻는 항목이 15개로 구성된다. 이미 이론적 논의에서 설명된 바와 같이 인접성, 협력 관계, 문화와 학습

---

1) 버바는 주관식 설문 문항과 객관식 문항을 구분하여 주민들에게 주관식 문항을 제시하고 그것을 다시 관료와 의회의원 등에게 객관식 문항으로 제시하여 일치도를 조사하는 방법을 활용했다. 그러나 이 연구는 같은 변수에 대해 객관식의 두 문항에서 발전 방향과 현황을 각각 구분하여 질문했고 그 수치를 비교하여 인식의 일치도를 계산했다. 구체적인 계산 공식은 다음과 같다.

$$CS = \frac{\sum_{i=1}^{N}(100 - 25 \times (F_i - P_i))}{N}$$

여기서 CS는 인식의 일치도, N은 표본수, i는 설문 응답자 일련번호, F는 바람직한 미래의 발전 방향에 대한 인식의 척도, P는 현재 상황에 대한 인식의 척도이다. 위와 같이 계산했을 경우 바람직한 수준 이상으로 현재의 상황이 구성되어 있다고 인식되는 경우 최대 점수 200까지 도출될 수 있으므로 산술적으로 CS는 0에서 200 사이의 수가 된다.

능력으로 나누어 조사 결과를 살펴보도록 한다.

1 지리적 인접성

<표 4-4>는 원주 의료기기 혁신 클러스터의 지리적 인접성에 대한 인식과 발전 방향을 나타낸 것이다. 지리적 인접성 요인 중에서 가장 인접성이 높은 것으로 인식되고 있는 변수는 기업과 대학 및 연구기관 즉 지식 생산기관과 기업 간의 인접성이다.

지식 생산기관과의 인접성이 높은 것으로 인식되는 이유는 상당수 기업들이 지식 생산기관인 연세대학교 내에 위치한 첨단 의료기기 테크노타워 내에 입지해 있기 때문인 것으로 추론할 수 있다. 반면 법률 및 세무 서비스 등 특수 서비스를 제공해 주는 기관, 그리고 정부 관련 서비스를 제공하는 기관의 인접성은 비교적

〈표 4-4〉 지리적 인접성에 대한 현황 및 발전 방향에 대한 인식

변수		빈도(%)					평균	표준편차	N
		매우 낮음	낮음	보통	높음	매우 높음			
현황	1) 기업 간 인접	0.0	9.3	40.7	35.2	14.8	3.5556	.8615	54
	2) 지식 생산기관과의 인접	0.0	13.0	33.3	37.0	16.7	3.5741	.9235	54
	3) 정부 관련 기관과의 인접	1.9	33.3	35.2	25.9	3.7	2.9630	.9104	54
	4) 법률·세무 관련 기관과의 인접	1.9	42.6	46.3	9.3	0.0	2.6296	.6812	54
발전 방향	1) 기업 간 인접	0.0	9.3	18.5	55.6	16.7	3.7963	.8328	54
	2) 지식 생산기관과의 인접	1.9	0.0	14.8	61.1	22.2	4.0185	.7395	54
	3) 정부 관련 기관과의 인접	0.0	1.9	9.3	50.0	38.9	4.2593	.7054	54
	4) 법률·세무 관련 기관과의 인접	0.0	3.7	11.1	46.3	38.9	4.2037	.7862	54

〈표 4-5〉 지리적 인접성에 대한 현황과 발전 방향에 대한 인식 일치도

	기업 간 인접	지식 생산기관과의 인접	정부 관련 기관과의 인접	법률·세무 관련 기관과의 인접
일치도	94	89	69	59

낮은 것으로 나타나고 있다. 현재 입지에 대한 인식과 반대로 규범적인 측면에서는 오히려 법률 및 세무 서비스 또는 정부 관련 서비스를 제공할 수 있는 기관이 가까이 입지하는 것이 중요하다고 인식하고 있는 것으로 나타났다. 결론적으로 기업과 기업 간의 인접성보다 기타 기관들과의 인접이 더 필요한 것으로 인식하고 있는 것이다.

위의 조사 결과를 토대로 현황과 발전 방향에 대한 인식의 일치도 분석을 하면 <표 4-5>와 같은 결과가 나타난다. 일치도가 높은 것은 발전 방향에 대한 기대를 현재의 상황이 이미 충족시키고 있다는 것을 뜻하며, 일치도가 낮은 것은 발전 방향에 대한 기대와 현재의 상황에 대한 인식의 격차가 크다는 사실을 의미한다. 다른 어떤 기관보다도 정부 관련 기관, 법률 및 세무 관련 서비스 기관과의 일치도가 낮은 것으로 나타나고 있다. 그것은 정부 관련 업무나 법률 및 세무 관련 업무를 처리할 수 있는 기관들이 현재보다 더 인접한 곳에 위치할 것을 원하는 기업의 욕구가 반영된 것으로 이해된다. 반면 기업 간 인접, 지식 생산기관인 대학 및 연구기관과의 인접성은 발전 방향에 대한 기대를 현재의 상황이 상당 부분 충족시키고 있는 것으로 나타났다.

2 기관 간 협력 관계

협력 관계와 관련된 변수에 대한 조사 결과는 <표 4-6>에 나

〈표 4-6〉 협력 관계에 대한 현황 및 발전 방향에 대한 인식

변 수		빈도(%)					평균	표준편차	N
		매우 낮음	낮음	보통	높음	매우 높음			
현황	1) 기업 간 협력 관계	0.0	27.8	51.9	18.5	1.9	2.9444	.7376	54
	2) 기업 간 하청 관계	3.7	37.0	44.4	13.0	1.9	2.7222	.8107	54
	3) 기업과 대학 간 협력 관계	0.0	18.5	18.5	51.9	11.1	3.5556	.9248	54
	4) 기업과 연구기관 간 협력 관계	0.0	20.4	42.6	33.3	3.7	3.2037	.8098	54
	5) 기업과 정부 관련 기관 간 협력	1.9	25.9	46.3	24.1	1.9	2.9815	.8124	54
발전 방향	1) 기업 간 협력 관계	0.0	0.0	3.7	70.4	25.9	4.2222	.5016	54
	2) 기업 간 하청 관계	0.0	0.0	9.3	59.3	31.5	4.2222	.6040	54
	3) 기업과 대학 간 협력 관계	1.9	1.9	5.6	55.6	35.2	4.2037	.7862	54
	4) 기업과 연구기관 간 협력 관계	0.0	3.7	1.9	50.0	44.4	4.3519	.7046	54
	5) 기업과 정부 관련 기관 간 협력	0.0	0.0	5.6	50.0	44.4	4.3889	.5961	54

타나 있다. 협력 관계도 대학 및 연구기관과의 협력 관계가 매우 긴밀하게 형성되어 있다는 사실을 알 수 있다. 반면에 기업 간 관계 그리고 하청 관계는 매우 취약한 것으로 나타났다.

그것은 의료기기 관련 기업들이 클러스터에 충분히 입지한 것으로 나타났으나 실제 연계는 지식 생산기관보다도 더 원활하지 않다는 것을 의미한다. 따라서 혁신 클러스터의 향후 활동은 기업 간의 원활한 관계를 형성하기 위한 노력에 초점이 맞추어져야 할 것이다. 구체적으로 부품 공급자와 수요자의 협력 관계, 장비 제조업자와 제품 생산업자와의 관계 등의 관계가 원활하게 형성되어야 할 것으로 판단된다. 그리고 정부 관련 기관과의 연계도 불충분한 것으로 나타났다. 정부 관련 기관에 대해서는 지리적 인접성도 상대적으로 취약한 것으로 드러났고 협력 관계도 상대적으로 열악한 것으로 나타났다.

현황과 발전 방향에 관한 인식의 일치도는 <표 4-7>에 나타나

〈표 4-7〉 협력 관계에 대한 현황과 발전 방향에 대한 인식 일치도

	기업 간 협력 관계	기업 간 하청 관계	기업 · 대학 간 협력 관계	기업 · 연구기관 간 협력 관계	기업 · 정부기관 간 협력 관계
일치도	68	63	83.8	71	65

있다. 기업과 대학 사이의 협력 관계는 발전 방향에 대한 인식을 충족시키고 있는 것으로 나타났으나 기업 간의 하청 관계나 기업과 정부기관과의 협력 관계는 바람직하다고 생각하는 수준까지 이르지 못하고 있는 것으로 조사되었다. 특히 기업과 기업의 관계는 지리적으로만 인접하고 있을 뿐 네트워크의 형성이 아직 미약한 것으로 나타나고 있다. 따라서 업종별 연합체와 기업조직군별 연합체와 같은 공식적 조직의 설립을 비롯하여 비공식적인 협력활동이 더욱 더 활성화될 필요가 있을 것으로 판단된다.

3 문화와 학습 능력

클러스터의 문화와 학습 능력은 클러스터의 시너지 효과를 발생시키고 그 경쟁력을 높이는 결정적인 요인으로 작용한다. 조사 결과에 따르면 문화적인 측면에서 기업 간 규범을 준수하는 정도는 높은 반면 신뢰의 정도는 낮은 것으로 조사되었다. 그리고 조직혁신의 영역에서 기업과 대학 간의 연계를 통한 혁신의 정도는 높지만 기업과 기업 간의 학습을 통한 협력의 정도는 낮은 것으로 판명되었다.

이러한 결과는 바로 기업 간 협력적 네트워크가 활성화되어 있지 못해서 초래되는 당연한 결과로 이해할 수 있다. 기업 간의 깊은 관계가 상호간의 학습 효과로 이어져서 정당하고 합리적인 제도의 동형화(isomorphism)를 이루지 못하고 있다는 것을 뜻한다.

〈표 4-8〉 문화와 학습 능력에 대한 현황 및 발전 방향에 대한 인식

<table>
<tr><th colspan="2" rowspan="2">변수</th><th colspan="5">빈도</th><th rowspan="2">평균</th><th rowspan="2">표준
편차</th><th rowspan="2">N</th></tr>
<tr><th>매우
낮음</th><th>낮음</th><th>보통</th><th>높음</th><th>매우
높음</th></tr>
<tr><td rowspan="5">현
황</td><td>1) 신뢰</td><td>3.7</td><td>16.7</td><td>50.0</td><td>29.6</td><td>0.0</td><td>3.0556</td><td>.7871</td><td>54</td></tr>
<tr><td>2) 규범</td><td>0.0</td><td>5.6</td><td>46.3</td><td>48.1</td><td>0.0</td><td>3.4259</td><td>.6019</td><td>54</td></tr>
<tr><td>3) 방향과 목표의 공유</td><td>0.0</td><td>22.2</td><td>35.2</td><td>40.7</td><td>1.9</td><td>3.2222</td><td>.8165</td><td>54</td></tr>
<tr><td>4) 기업간 학습을 통한 혁신</td><td>5.6</td><td>22.2</td><td>37.0</td><td>31.5</td><td>3.7</td><td>3.0556</td><td>.9599</td><td>54</td></tr>
<tr><td>5) 대학과 연계를 통한 혁신</td><td>0.0</td><td>15.1</td><td>32.1</td><td>41.5</td><td>11.3</td><td>3.4906</td><td>.8906</td><td>53</td></tr>
<tr><td rowspan="5">발
전

방
향</td><td>1) 신뢰</td><td>0.0</td><td>0.0</td><td>11.1</td><td>64.8</td><td>24.1</td><td>4.1296</td><td>.5843</td><td>54</td></tr>
<tr><td>2) 규범</td><td>0.0</td><td>3.7</td><td>14.8</td><td>61.1</td><td>20.4</td><td>3.9815</td><td>.7135</td><td>54</td></tr>
<tr><td>3) 방향과 목표의 공유</td><td>0.0</td><td>1.9</td><td>9.3</td><td>55.6</td><td>33.3</td><td>4.2037</td><td>.6835</td><td>54</td></tr>
<tr><td>4) 기업 간 학습을 통한 혁신</td><td>0.0</td><td>0.0</td><td>9.3</td><td>44.4</td><td>46.3</td><td>4.3704</td><td>.6529</td><td>54</td></tr>
<tr><td>5) 대학과 연계를 통한 혁신</td><td>1.9</td><td>3.7</td><td>3.7</td><td>44.4</td><td>46.3</td><td>4.2963</td><td>.8607</td><td>54</td></tr>
</table>

〈표 4-9〉 문화와 학습 능력에 대한 현황과 발전 방향에 대한 인식 일치도

	신뢰	규범	방향과 목표의 공유	기업간 학습을 통한 혁신	대학과 연계를 통한 혁신
일치도	73	86	75	67	80

기업과 대학과의 연계를 통한 혁신은 상대적으로 활성화되어 있는 것으로 조사되었다.

위의 조사 결과는 인식의 일치도 조사에서도 나타난다. 문화적인 측면에서 규범에 대한 기대를 상대적으로 충분히 충족시키고 있는 것으로 나타났다. 그러나 신뢰와 목표의 공유의 정도는 충분히 충족시키지 못하고 있는 것으로 조사되었다. 학습을 통한 혁신의 능력면에서는 대학과의 혁신의 수준은 기대한 수준을 충족시키고 있는 반면 기업 간의 학습을 통한 혁신은 상대적으로 부진한 것을 확인시켜 준다.

4 종합적 결과

위의 조사 결과들을 요인별로 합산하여 평균을 계산하면 지리적인 인접성과 문화 및 학습 능력의 현황에 대한 인식이 협력 관계의 현황에 대한 인식보다 높은 것을 알 수 있다. 그러나 발전 방향에 대한 인식은 다른 양상을 보인다. 즉 협력 관계와 학습에 대한 기대가 지리적 인접성에 대한 기대보다도 더 높다는 것이다. [그림 4-1]에서 보이는 바와 같이 지리적 인접성에 대해서는 발전 방향에 대한 기대의 수준이 낮은 반면 그 인접성의 실제 수준은 비교적 높은 것으로 나타났다. 반대로 클러스터 참여 주체 사

[그림 4-1] 원주 의료기기 클러스터의 현황과 발전 방향에 대한 인식

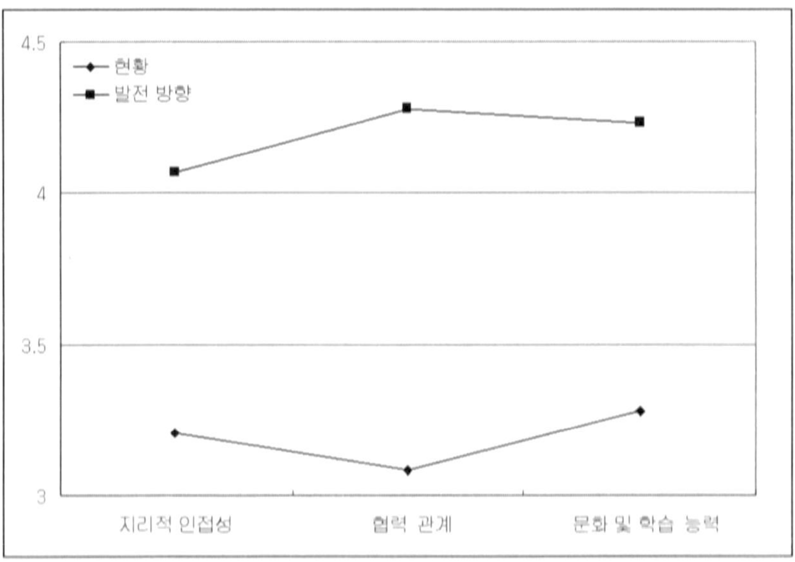

이의 협력 관계가 매우 중요한 것으로 인식되고 있으나 실제로 현재의 협력 관계는 기대 수준을 충족시키지 못하고 있는 것으로 나타났다. 문화와 학습 능력의 수준은 발전 방향에 대한 기대가 높지만 현황에 대한 인식도 높은 수치를 나타내고 있다.

제 4 절 원주 의료기기 클러스터의 사회적 구조 분석의 결과 요약 및 의미

이 연구는 지리적 인접성, 협력 관계 그리고 문화와 학습 능력 등의 요인에 초점을 맞추어 원주시 의료기기 클러스터의 운영 방식을 구성원들의 인식에 초점을 맞추어 조사했다.

첫째, 원주 의료기기 클러스터의 경우 기업 간 지리적 인접성과 대학 등 연구기관 간의 인접성은 높으나 정부 관련 기관 그리고 법률 및 세무 관련 서비스를 제공하는 기관에 대한 접근성은 낮은 것으로 조사되었다. 그러나 실제로 구성원들은 클러스터의 발전에 중요한 것은 법률·세무 등의 특별 서비스와 정부 관련 기관과의 인접성이라고 판단하고 있다.

그런 의미에서 정부기관과 특별 서비스의 편이성을 높이기 위해 특별한 정책적 배려가 필요하다. 이와 같은 결과는 중앙정부와 지방자치단체 모두 주목해야 할 결과라고 생각된다. 지역혁신 클러스터의 조성에 정부 관련 서비스의 접근성을 충분히 고려하면서 법률 및 세무 관련 서비스 등 기업이 필요로 하는 특별한 서비스를 적절하게 제공할 필요가 있다.

둘째, 협력 관계도 클러스터 전반에 걸쳐 대학을 중심으로 형성되어 있는 것으로 조사되었다. 그러나 기업 간의 협력 및 하청 관계는 상대적으로 취약한 것으로 나타났다. 오히려 정부와 기업과의 협력 관계보다 기업과 기업 간의 협력이 원활하지 못하다는 사실이 시사하는 바가 크다. 다른 어떠한 요인보다도 기업 간 협력 관계 요인이 클러스터의 발전에는 가장 중요한 것으로 지적되었음에도 불구하고 실제로는 다른 요인들보다도 발전되지 못한 상태로 있는 것이다. 클러스터가 완전히 지식의 공유와 확산이 가능한 공동체로 발전하기 위해서는 협력적 네트워크의 확충을 위해 기업 간 협력체를 구성하고 비공식적인 교류를 확산하는 작업이 중요하다.

협력 관계의 강화를 위해 클러스터의 구축 단계에서 수직적 계열화에 따른 기업의 적절한 구성을 염두에 두는 것이 필요하다. 즉 부품 공급자와 장비와 기계 관련 기업 등의 역할 배분에 따른 협력 관계가 충분히 형성될 수 있는 기반 구조를 클러스터의 설계 단계부터 고려하는 것이 중요하다는 것이다. 나아가서 기업 간의 협력적 파트너십을 활성화하기 위해 직접 기업 간의 연계가 가능한 효과적인 협력체의 활성화를 위한 대학과 정부의 지원이 절실하다.

셋째, 문화와 학습 능력에 대한 평가 결과에 의하면 전체적으로 비공식적 규범은 준수되고 있으나 기업 간의 신뢰와 학습은 부족한 것으로 나타났다. 따라서 이미 지적된 기업 간의 협력적 네트워크의 형성과 함께 지속적인 교류를 통해 기업 간 신뢰 수준을 향상시키고 상호 학습을 통한 혁신 역량의 증대가 향후 원주 의료기기 클러스터의 발전을 위한 주요 과제가 될 것이다.

향후 클러스터의 운영 및 지원과 관련하여 하드웨어의 개선과 확충보다 문화의 공유와 기업 간 상호 교류에 의한 학습이 가능하도록 하는 제도들이 마련되어야 한다. 지속적인 교육과 홍보 프로그램 그리고 정보의 공유를 촉진하는 제도를 대학과 정부가 마련할 필요가 있다. 상호간 견제와 경쟁에 의한 독립적인 생산은 혁신 클러스터의 기본 이념과 적합하지 않다. 협력적 관계를 바탕으로 하여 투명한 경영을 통해 기업 간 신뢰를 돈독히 하고 신뢰를 바탕으로 교류와 학습이 가능하도록 해야 할 것이다. 그러한 소프트웨어적 제도와 프로그램의 도입이 원주시와 대학교가 수행해야 할 적절한 역할이다.

이 분석은 성과도 있었지만 몇 가지 한계도 있다. 여기서는 변수들 사이의 인과 관계를 명확하게 밝히지 못한 채 실태분석의 수준에만 그치고 있다. 따라서 좀더 엄밀한 이론적 검토를 통해 독립변수와 종속변수를 밝히고 독립변수 간의 관계 규명에 대한 논의가 필요하다. 따라서 다음 장에서 독립변수들 사이의 관계와 독립변수와 종속변수 사이의 관계분석을 진행한다. 그리고 주된 연구의 대상이 원주 의료기기 클러스터로 설정되었으나 주지되듯이 클러스터는 그 발전 단계와 산업의 유형에 따라서 많은 차이가 있다. 클러스터 간의 비교 연구를 통해 변수의 중요성 규명에 좀더 심층적인 연구가 필요할 것으로 사료된다.

제 5 장 원주 의료기기 클러스터의 인접성과 그 효과

제 1 절 클러스터의 인접성 연구의 중요성

지식기반 사회에서 지식은 경제 성장과 사회 발전의 원동력이며 국제적 교역에 의해 새롭게 조성되는 세계시장에서 경쟁력의 주된 원천으로 여겨지고 있다. 최근 많은 국가가 경제적 자원을 중심으로 발전되는 산업사회에서 지식자원을 토대로 발전하는 지식기반 사회로의 이행에 대비하기 위해 다양한 정책 수단을 활용하고 있다. 혁신 클러스터는 새로운 지식을 확산하고 이전하는 과정을 통해 확대 재생산하기 위한 지식 생산기관, 지식 소비기관 그리고 확산기관의 연결망으로 지역혁신 체제의 개념과 함께 중요한 정책 수단으로 활용되고 있다.

이미 논의한 것처럼 혁신 클러스터의 개념은 한국의 산업정책에도 수용되어 정부는 기존의 클러스터를 혁신 클러스터로 발전시키기 위해 시범지구를 선정하고 많은 예산을 투입했다. 그러나 막상 혁신 클러스터화 사업이 진행되는 현장의 참여자들은 몇 가지 어려움을 경험하고 있으며, 그 중에서 가장 큰 어려움 중의 하나는 클러스터를 설립하여 얻을 수 있는 효과를 극대화하는 요인이 무엇인지 인식하지 못하고 있다는 사실이다. 실제로 많은 참여자들이 비용의 절감과 같은 가시적인 성과에 집착한 나머지 혁신이나 학습과 같이 장기적인 경쟁력 제고에 도움을 주는 효과는 도외시하는 경향이 있다. 나아가서 어떠한 조건이 그러한 효과들을 극대화하는지 알지 못한다고 토로하기도 한다.

이와 같은 문제점에 주목하여 이 장에서는 추구하는 목적에 따라서 구별되는 클러스터의 유형을 소개하고자 한다. 그리고 각 유형별로 중시되는 특성이 인접성의 개념을 따라서 다르게 구성된다는 사실을 밝히고 클러스터의 인접성이 발생시키는 효과를 기존 연구를 중심으로 분석할 것이다. 실증적 분석에서 원주 의료기기 클러스터에서 설문조사를 통해 수집된 자료를 바탕으로 클러스터 참여자들은 혁신 클러스터의 인접성과 그 효과에 대해 어떻게 인식하고 있는지를 분석한다.[1] 연구의 함의를 통해 혁신 클러스터의 성과를 극대화하기 위한 인접성의 발전 방향을 제시하고자 한다.

제 2 절 클러스터의 유형과 인접성 그리고 기대 효과에 대한 이론적 배경

클러스터는 발전 단계에 따라서 산업집적지, 산업 클러스터, 그

1) 따라서 이 연구는 실제 인접성과 그 효과에 대한 분석이라기보다 참여자의 인식에 대한 분석이다. 참여자의 인식에 대한 분석은 혁신 클러스터에서 중요한 혁신과 학습이 참여자의 적극적인 참여와 토론으로 형성되는 사회구성적인 성격을 내포한다는 점에서 중요한 의미가 있다.

리고 혁신 클러스터로 구분된다. 대체로 발전 단계별로 필요한 인접성이 구축되면서 클러스터는 발전하고 그 효과도 높아진다. 이론적 검토에서는 클러스터의 유형별 개념과 핵심 요인 그리고 기대 효과와의 관계 등을 중심으로 논의를 진행한다.

1 클러스터의 유형별 개념: 산업집적지, 산업 클러스터 그리고 혁신 클러스터

최근 혁신 클러스터와 국가·지역 혁신 체제에 관한 논의를 촉발시킨 OECD(2001)의 견해에 따르면 클러스터의 개념은 단순하게 정의할 수 없다. 오히려 클러스터가 처한 사회경제적 배경에 따라서 다양하게 정의할 수 있다고 한다. 여기서는 카펠로(Capello, 1999)의 관점에 따라서 클러스터의 발전 단계별 유형을 단순 산업집적지, 산업 클러스터 그리고 혁신 클러스터로 구분하고 각각의 개념을 설명한다.

클러스터는 지리적으로 인접한 곳에 동종 또는 이종의 업체들이 공간적으로 모여서 입지한 산업집적지의 개념에서 시작된다(기영석, 2004). 산업집적지의 개념은 후생경제학의 긍정적 외부성(positive externalities)의 원리에서 출발한다. 즉 산업집적지는 지리적으로 인접한 지역에 다양한 기관들이 입지하면 산업단지의 관리에서 규모의 경제가 발생하여 각종 비용이 절감된다는 경제적 원리에 의거하여 형성된다.

단지 지리적으로 인접한 곳에 입지하던 기관들이 경제적으로 수직적 연관 관계를 조성하고 다양한 제휴 관계를 형성하면 산업 클러스터의 단계로 발전한다. 클러스터라는 용어가 본격적으로 언급되기 시작한 계기는 1980년대 후반 이후 포터(M. E. Porter)가 산업의 경쟁력을 높이는 데 필요한 네 가지 조건, 즉 요소 투입 조건, 수요 조건, 관련 산업, 그리고 전략 등을 다이아몬드 모형으로 발전시킨 이후부터이다. 그리고 그는 "클러스터 내의 각 기관들 사이의 강한 교호작용이 지리적으로 집약될 경우에 (클러스터가) 가장 잘 작동한다"(Porter, 1990: 157)고 주장한다. 클러스터에 관한 초기의 저술에서 포터는 다분히 지리적 인접성과 함께 기업들 사이에서 발생하는 경제적 연관 효과와 협력 체계가 주는 편익을 강조했다. 이와같이 지리적인 연계뿐만 아니라 기관 간의 연계도 발생해 그 연계가 특정 산업과 연계되어 제도적으로 정착되는 단계의 클러스터를 산업 클러스터(industrial cluster)라고 지칭한다.

산업경쟁력을 중시하는 산업 클러스터 개념은 1990년대 후반 이후 지식기반 경제의 중요성이 부각되면서 지식의 생산과 이전의 개념을 포괄하는 혁신 클러스터(innovative cluster) 개념으로 새롭게 발전한다. OECD(2001: 29)는 혁신 클러스터를 "공통의 물리적 지적 기반구조에 기초한 공공재를 개발·활용하면서 기업, 지식 생산기관, 지식 확산기관, 그리고 고객 등이 수직적·수평적으로 연계된 연결망"이라고 정의한다. 나아가서 OECD (2001)는 최근의 클러스터 조성에 관한 새로운 추세는 지식기반 사회의 도래에 걸맞은 혁신 역량을 향상하기 위한 학습공동체로 발전시키는 방안이라는 사실을 지적한다(Hertog et al., 1999). 이러한 관점은 지식기반 경제의 경쟁력은 혁신 역량에 의해 결정되고 혁신 역량은 다양한 기관의 신뢰와 규범에 입각한 창의적 상호작용이 존재하는 학습 지역(learning region)에서 가능하다는 기본 가정을 내포한다(OECD, 1999).

2 클러스터에서 중시되는 인접성 개념

United Nations(2003)의 분석에 따르면, 산업 발전에서 인접성이 미치는 영향은 매우 크다. 그리고 클러스터에서 중시하는 인접성의 개념은 물리적 거리가 근접한 것을 지칭하는 지리적 인접성에 국한되지 않는다. 특히 주목할 만한 사실은 OECD(2001)가 클러스터에서 각 참여기관과 참여자를 군집화(clustering)하여 거리를 가깝게 하는 것은 지리적으로 인접하도록 하는 것뿐만 아니라 조직적으로 연계를 강화하며, 문화적 유대 관계를 향상시키는 것을 포괄한다고 설명하고 있다는 점이다. 그런 의미에서 클러스터는 지리적·조직 간·문화적 인접성을 강화함으로써 비용 절감 효과를 높이고 학습과 혁신 등 지식 성과를 향상시키는 것을 목적으로 한다.

[그림 5-1]이 나타내는 바와 같이 지리적 인접성이 충족되면 산업집적지로서의 조건이 갖추어지고 비용 절감 효과를 위한 토대가 마련된다. 지리적 인접성과 함께 조직적으로 왕성한 협력 관계가 조성되는 조직 간 인접성이 충족되면 산업 클러스터에 필요한 조건이 확보된다. 그리고 지리적 인접성과 조직 간 인접성 그리고 문화적 인접성이 모두 갖추어질 때 혁신 클러스터에서 기대되는 학습과 혁신 효과가 발생한다.

클러스터에서 인접성 개념은 거리의 개념과 밀접한 관계가 있다. 즉 거리가 줄어들면 인접성이 높아진다. 산업집적지에서는 물리적 거리를 축소하여 지리적 인접성을 높이고 산업 클러스터에서는 조직 간의 구조적 거리를 축소하여 조직 간 인접성을 높이고 혁신 클러스터에서는 정감적 거리를 축소하여 문화적 인접성을 높이는 것이다. 인접성의 개념을 좀더 엄밀하게 검토하기 위해

[그림 5-1] 클러스터의 유형과 인접성

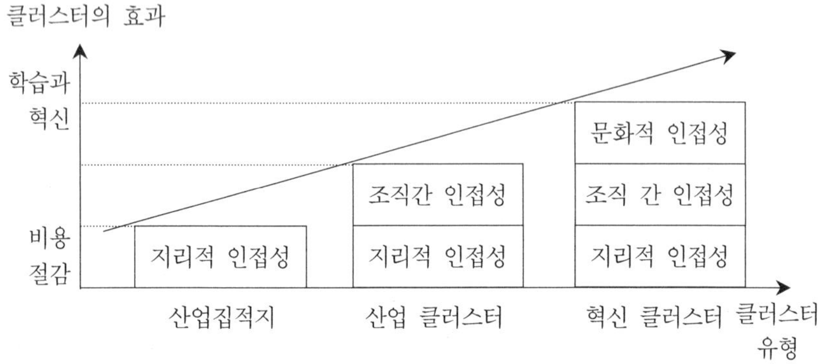

거리의 개념을 동시에 검토하는 것이 바람직하다.

산업집적지는 기관들 사이의 물리적 거리(physical distance)를 줄일 목적으로 설립된다. 물리적 거리의 축소는 산업지구 내에 관련 기관의 입지 그리고 교통통신망 등 기반시설에 의해서 결정된다(United Nations, 2003). 따라서 산업 집적지에서는 지리적 인접성을 높이기 위해 동종이나 이종 산업에 속한 기업, 대학 등 연구기관, 법률 및 세무 서비스를 제공하는 특별 서비스 기관 그리고 정부기관 등이 지리적으로 가까운 곳에 입지한다. 결국 산업집적지에서는 지리적 인접성이 중요한 사회적 관계를 형성하는 기반구조로서 기능한다.

그런데 산업 클러스터에서는 지리적 인접성뿐만 아니라, 연결망의 행위자들이 형성하는 공식적 연계 속에서 발생하는 포지셔닝을 중시하는 구조적 거리(structural distance)를 줄이기 위한 조직 간 인접성이 중요한 사회적 관계를 형성한다. 사회적 연결망에서 행위자들이 상호 협력 관계를 형성하면 조직에서 소비하는 자원과 정보를 확보하는 데 안정성과 예측가능성을 높일 수 있다(OECD, 2001). 일반적으로 산업 클러스터는 조직적 연계를 활성화하는 수단으로 제휴를 위한 연합체를 바탕으로 조직 간 인접성을 높인다(복득규, 2003). 따라서 산업 클러스터에서는 기업 간 하청 관계를 구성하여 안정적인 시장과 고객을 확보하고 경제적 자원의 수급을 원활하게 유지하거나 연구개발 컨소시엄을 형성하여 새로운 정보를 확산하고 전파하는 것이 중요하다.

혁신 클러스터에서 중시하는 학습공동체를 형성하고 학습지역을 조성하려면 지리적·조직적으로 가까워지는 것 외에 정감적 거리(sentimental distance)도 축소되어야 한다(Sandel, 1982). 정감적 거리는 구성원들이 암묵적으로 동의하는 신념, 신뢰, 그리고 목표 등의 가치를 공유하는 정도를 의미한다. 문화적으로 인접한 상태는 참여자들이 다양한 가치관을 널리 공유하는 상태를 말한다. 개인 간 신뢰, 규범 등은 클러스터 내의 자발적 감시·통제 체제를 통해 참여자의 기회주의적 행동과 소극적 행위들을 제어하는 기능을 수행한다. 그리고 동일한 목표를 공유하는 것은 클러스터의 응집력을 높여 과업에 대한 생산성을 제고할 뿐만 아니라 새로운 아이디어와 기술에 대한 관심의 수준을 높여 혁신 역량과 학습 의욕 등을 향상시키고 결국 지식 성과를 향상시킬 것으로 기대된다.

3 클러스터에서 인접성의 효과가 유발되는 과정

지금까지 클러스터가 조성됨으로써 조성되는 인접성과 그에 따라 기대되는 효과를 지적했다. 그렇다면 그러한 기대 효과는 어떠한 과정을 통해 실제로 발현되는지 기존 문헌을 통해 상세히 검토해 보고자 한다.

1) 지리적 인접성과 기대 효과의 실현 과정

지리적 인접성은 클러스터의 경제적 비용과 밀접한 상관 관계가 있다. OECD(2001)에 따르면 각종 비용을 줄이는 데 기업 간의 인접, 기업과 연구기관과의 인접, 그리고 정부기관의 인접성이 중요하다고 밝힌다. 여기에 로젠펠드(Rosenfeld, 1997)는 법률 및 세무 관련 서비스를 제공하는 기관의 인접성도 클러스터의 비용 절감에 기여할 수 있다고 주장한다.

기업들 사이의 지리적 인접성은 전문적인 기능, 숙련된 노동력, 기계 등에 대한 공동 활용의 가능성을 높일 수 있고 공급자와 고객을 기업과 가까운 거리에 위치시킴으로써 거래비용을 줄일 수 있다(과학기술부 · 대구광역시, 2003). 즉 지리적으로 인접하거나 다양한 기반구조에 의해 근거리에 위치하게 된 기관들은 초기 투입비용을 좌우하는 입지비용을 줄일 수 있을 뿐만 아니라 운송비용과 기술적 문제점이 발생했을 경우 지불하는 거래비용 등을 절감할 가능성이 높다는 것이다. 구체적으로 기업과 연구기관이 인접하면 전문가의 신속한 자문을 구하거나 기술적 문제를 손쉽게 해결할 수 있고 그때마다 지출해야 할 거래비용을 줄일 수 있다. 정부기관과 법률, 회계 등의 특수 서비스 기관들도 산업지구의 기업 활동에 필수적인 기관이며 이들 기관들의 원활한 활용은 서류 처리 등 부대비용의 절감을 돕는다(Rosenfeld, 1997). 결국 다양한 기업, 연구기관, 그리고 정부기관들이 클러스터에서 형성하는 지리적 인접성은 클러스터에 입지한 기관들의 생산비용뿐만 아니라 거래비용을 절감하는 데 중요한 기여를 할 것으로 예상된다.

2) 조직 간 인접성과 기대 효과의 실현 과정

클러스터에서 조직 간 인접성을 높이기 위해서 형성되는 제휴 관계는 다양한 방식으로 클러스터의 성과 향상에 기여한다. 제휴 관계가 제도적으로 착근하면 다양한 참여자들이 경제적 자원을 공유하면서 불필요한 거래비용을 줄일 뿐만 아니라 자원의 획득에 드는 비용을 절감하여 투입비용도 감축할 수 있다. 그뿐만 아니라 기업 간의 하청 관계가 합리적으로 설정되면 클러스터와 전체 산업의 수직적 통합성을 향상시키는 데 기여한다(Peeters et al., 2001). 이와같이 공급망에서 다양한 기업들이 형성하는 산업 연관 효과는 전체 산업의 시너지 효과를 창출하여 경제적 비용을 줄이고 생산성을 높이는 데도 기여한다(김성태 · 노근호, 2004; 권명중 외, 2005).

그리고 기업과 연구기관, 정부기관들을 포괄하는 각종 협력 체제는 경영혁신과 틈새시장에 대한 정보 등의 새로운 아이디어와 중요한 기술적 발전에 대한 학습과 혁신 능력을 향상시키는 매개체로 기능할 수 있다(Rosenfeld, 1997).[2] 실제로 몇몇 실증적 연구에서 기업 간 경제 협력 관계, 연구기관과의 협력 관계 그리고 정부기관과의 협력 관계 등 조직 간 인접성을 높이는 요인은 지식의 획득과 혁신을 위한 기회로서 기능한다는 사실이 밝혀졌다(Dyer & Singh, 1998; Lane & Lubatkin, 1998). 다른 조직과의 관계를 통해 조직은 외부의 지식에 접하게 되며 그것을 기존의 기술과 결합시킬 수 있다는 것이다. 그리고 기존 연구를 통해 혁신과 학습의 기회가 다양한 조직 간 관계에서 제공된다는 사실도 확인된 바 있는데(von Hippel, 1988), 이러한 연구에서 중시되는

2) 산업 클러스터 단계에서 형성되는 기관 간의 밀접한 협력 관계는 클러스터 참여자의 혁신과 학습의 중요성을 일깨우는 강화 체계로서 기능한다는 행태주의 학습이론(behavioral learning theory)을 주목할 만하다. 행동주의 이론에서 강화이론(reinforcement theory)은 새로운 지식에 대해서 모종의 중요성이 부여될 때 학습에 대한 동기가 유발된다는 관점이다(Fester & Skinner, 1957).

조직 간 인접성 요인은 위에서 언급된 기업 간 협력 관계, 연구기관과의 협력 관계 그리고 정부기관과의 협력 관계 등이다.

3) 문화적 인접성과 기대 효과의 실현 과정

혁신 클러스터에서 강조되는 문화적 인접성이 높아질 때도 경제적 비용 절감 효과가 커지고 혁신 및 학습 역량은 상승한다. 혁신 클러스터의 지식 성과를 향상시키는 데 문화적 인접성이 중요한 기능을 수행한다는 논거는 구성주의 이론(constructivist theory)에서 찾을 수 있다(Driscoll, 2000). 구성주의 이론에 따르면, 학습자들은 전체 산업에서 자신이 처한 상황에서 능동적인 경험을 통해 자신에게 적합한 지식을 구성한다는 점을 강조한다. 즉 클러스터의 참여자들은 직접 전체 클러스터의 의미를 구성해 나가고, 그런 의미에서 그들은 적극적이고 능동적인 참여자가 되어야 한다. 따라서 개별 참여자는 비판적, 반성적 사고, 문제 해결 능력의 함양이 필요하며, 그러한 결과를 얻기 위해 목표의 공유나 문화의 공유와 같은 인지적 측면과 신뢰의 확보와 같은 관계적 측면이 중요하다(Nahaphiet & Ghoshal, 1998; 유평준 외, 2006).

클러스터의 비용 절감과 지식 성과에 대한 실증적 검토에서도 문화적 인접성이 두 가지 기대 효과를 실현하는 데 도움을 준다는 사실이 밝혀지고 있다. 상호 신뢰의 수준이 높으면 굳이 공식적인 협력·감독 체계를 설계할 필요성이 사라지고 감시와 협상에 투자하는 시간이 감소하므로 관계 기관들은 더 많은 자원을 절감할 수 있다. 그렇게 절감된 비용은 혁신과 학습 과정에 투입할 수 있다(Dyer & Singh, 1998). 그리고 레인과 루바트킨(Lane & Lubatkin, 1998)은 동일한 규범을 공유하고 있을 때 혁신과 학습이 직접적으로 촉진된다는 사실을 밝혔다. 나아가서 런드발(Lundvall, 1998)도 클러스터를 통한 학습과 혁신의 확산을 위해서는 목표와 비전의 공유를 위한 조건의 확보가 필수적이라고 밝힌 바 있다. 결국 혁신 클러스터의 생산비용을 절감하고 지식 성과를 향상시키는 데 신뢰, 규범, 목표의 공유를 통해 문화적 인접성을 높이는 것이 매우 중요하다.

4 클러스터의 인접성 이론의 요약

이론적 검토에서 클러스터는 그 발전 단계에 따라서 산업집적지, 산업 클러스터 그리고 혁신 클러스터로 유형화할 수 있다는 사실을 지적했다. 나아가 각각의 유형에서 중요한 물리적·구조적·정감적 거리의 개념과 밀접하게 연계되는 지리적·조직 간·문화적 인접성을 높이는 것이 클러스터의 기대 효과를 높이는 데 핵심적인 역할을 한다는 사실도 밝혔다. 여기서 가장 중요한 발견은 세 가지 인접성의 개념과 그 기대 효과인 비용 절감과 혁신 그리고 학습의 관계에 대한 것이다. 지리적 인접성은 경제적 비용 절감 효과에 기여할 가능성이 많다. 그리고 조직 간 인접성은 비용 절감뿐만 아니라 혁신과 학습 등 지식 성과에 기여한다. 문화적 인접성도 조직간 인접성과 마찬가지로 비용 절감과 두 가지 지식 성과의 향상에 기여하는 것으로 기존 연구는 설명하고 있다.

제 3 절 원주 의료기기 클러스터의 인접성 연구의 방법

1 가설의 설정과 분석의 틀

원주시 의료기기 클러스터의 인접성과 성과를 살펴보기 위해서 “클러스터의 세 가지 인접성은 성과에 어떠한 영향을 주는가?”라는 문제에 답할 필요가 있다. 이 연구 문제에 효과적으로 접근하기 위해 그리고 인접성이 유발하는 효과에 대해 아래와 같은 세 가지 가설을 설정했다. 그 가설은 원주 의료기기 클러스터의 참여자는 다음 세 가지로 구성된다.

1) 참여기관의 지리적 인접성이 높을수록 비용 절감 효과가 높다고 인식하는 경향이 있다.

2) 참여기관의 조직 간 인접성이 높을수록 비용 절감 효과뿐 아니라 혁신과 학습 등 지식 성과가 높다고 인식하는 경향이 있다.

3) 참여기관의 문화적 인접성이 높을수록 비용 절감 효과뿐만 아니라 혁신과 학습 등 지식 성과가 높다고 인식하는 경향이 있다.

그리고 이러한 가설은 [그림 5-2]와 같은 분석의 틀로 발전시

[그림 5-2] 지역혁신 클러스터의 인접성 연구 분석의 틀

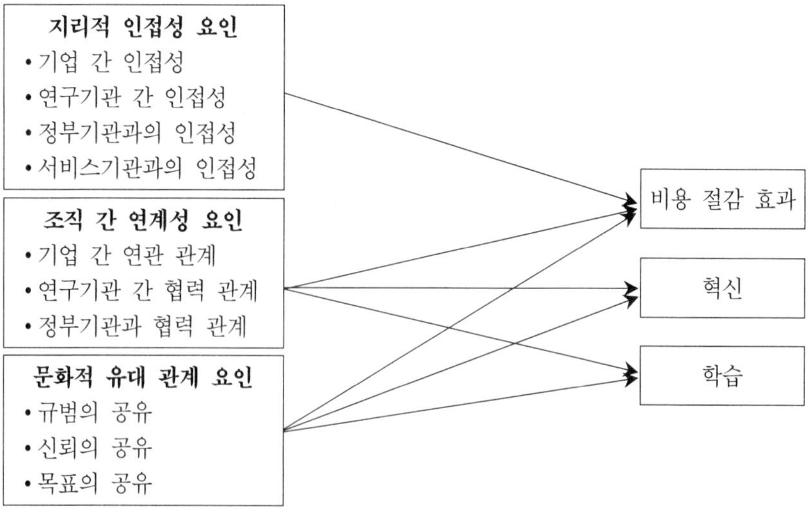

킬 수 있다. 실증분석에서는 분석틀에서 고려된 요인 외에도 개인적 특성 변수가 추가적으로 고려된다. 개인적 특성 변수를 고려하는 것은 클러스터에는 본질적으로 다양한 참여자가 개입하게 마련이고 다양한 참여자는 각각 다른 참여의 동기를 갖기 때문이다. 따라서 그들은 클러스터의 현실을 다르게 인식할 수 있고 그러한 인식의 차이가 클러스터의 효과를 판별하는 데 통계학적으로 중요한 요인으로 작용할 수도 있다. 따라서 실증분석에서 연령, 성별, 교육 수준 그리고 참여자의 소속기관을 개인적 특성 변수에 포함시켜 통제하고자 했다.

2 분석 방법

원주 의료기기 클러스터의 인접성과 효과를 분석하기 위해 제4장에서 활용한 것과 같은 동일한 설문 문항을 사용했으며 조사 표본은 요인분석과 회귀분석의 신뢰성을 높이기 위해 27명을 추가 선정하여 조사했다. 1차 조사와 2차 추가 조사 사이의 시차는 약 45일이여 그 기간 동안 원주 의료기기 클러스터에 큰 변화가 없었으므로 시간의 경과에 따른 조사 결과의 왜곡은 크지 않을 것으로 판단된다. 추가 조사된 표본의 인구통계학적 배경은 <표 5-1>과 같다. 이 표본의 조사 결과는 제5장과 제6장의 분석을 위해 활용될 것이다.

먼저 설문조사 대상자의 참여 유형에 따라서 독립변수와 종속변수가 다르게 인식되고 있는지 분석했다. 이 연구의 주요 독립변수는 세 가지 인접성 변수이고 그 관찰치는 요인분석 지수로 나타난다. 따라서 연속변수의 집단 간 차이를 규명하는 데 적절한 분산분석을 실시한다. 그런데 종속변수인 비용 절감, 학습 그리고 혁신에 대한 인식이 집단 간에 차이가 있는지 밝히기 위해

〈표 5-1〉 인접성, 사회적 자본, 전략적 제휴의 분석을 위한 조사 표본의 구성

변수	구분	빈도	백분율	변수	구분	빈도	백분율
성별	남성	74	92.5%	나이	39세 이하	49	61.3%
	여성	6	7.5%		40세 이상	31	39.7%
직업	기업체	37	46.3%	학력	고졸 이하	6	7.5%
	대학, 연구소	23	28.8%		전문대 졸업	13	16.3%
	공공기관	18	22.5%		대학교 졸업	38	47.5%
	기타	2	2.5%		대학원 이상	23	28.8%
근무지	원주시	54	67.5%	종사 기간	1년 이하	30	37.5%
	테크노밸리	26	32.5%		1년 이상	50	62.5%

서는 크루스칼-왈리스(Kruskal-Wallis)분석을 실시한다. 이 연구의 종속변수들은 설문조사의 결과이고 그것은 5점 척도의 등간척도로 측정되기 때문에 요인분석 수치로 도출되는 독립변수의 경우와는 다른 방식으로 분석되어야 한다. 따라서 분산분석의 원리를 활용한 비모수적 분석 방식인 크루스칼-왈리스분석을 통해 집단 간 인식의 차이가 있는지를 검토한다. 그런데 이러한 집단 간의 인식의 차이가 이 연구의 분석틀이 설정한 인과 관계에서도 통계적으로 중요한지, 즉 다른 모든 변수의 영향 요인을 통제했을 때도 소속 집단 간 차이가 통계적으로 유의한지를 검토하는 것은 좀더 엄밀한 분석을 거쳐야 한다. 그러한 분석은 회귀분석을 통해 검증하게 된다.

회귀분석은 클러스터를 구성하는 인접성이 그 성과에 통계적으로 유의미한지 분석하기 위해 실행된다. 회귀분석에서 설명한 세 가지 인접성 요인 외에 성별, 학력, 직업 등의 개인적 변수를 투입하여 비용 절감, 혁신과 학습에 대한 개인별 인센티브의 차이가 있는지도 함께 검증했다.[3] 그리고 개인적 변수는 대부분 더

미 변수로 입력했는데 특히 직업 변수에 대해서는 더미 변수의 함정에 빠지지 않도록 세 가지 영역에 대해 두 개의 변수를 투입하는 계절 더미의 방식을 활용했다. 그래서 직업 변수와 종속변수가 통계적으로 유의미한 결과가 있는 것으로 나타난다면 기업, 대학, 그리고 정부기관이 클러스터의 효과에 대해 다르게 인식하고 있다고 판단할 수 있을 것이다. 회귀분석은 주된 지식 성과를 나타내는 혁신과 학습에 대해 실행되었으나 경제적 측면과의 비교를 위해 비용 절감 효과를 먼저 회귀분석했다. 따라서 비용 절감 효과, 혁신, 그리고 학습 등의 세 가지 종속변수에 대해 회귀분석을 실시한다.

회귀분석의 방식은 위계적 회귀분석(hierarchical regression analysis) 방법을 따른다. 위계적 회귀분석은 연구자가 투입될 변수의 중요도에 따라 순서를 결정하고 정한 순서대로 변수를 투입하여 변수의 상대적 중요도를 분석하는 확인 방법(confirmatory method)에 의한 분석의 일종이다. 일반적으로 위계적 회귀분석이 가지는 중요한 장점은 개별 독립변수의 효과 즉 연구의 가설을 검증하는 것뿐만 아니라 새로운 독립변수를 추가할 경우에 발생하는 회귀모형의 변화 그리고 새로운 독립변수의 추가로 인한 기존 변수의 변화 등을 검증하는 데 있다. 이 연구에서는 개인적 변수와 지리적 인접성을 독립변수로 고려한 모형을 모형 I로 설정하고 모형 I에 조직 간 인접성을 새롭게 투입한 모형을 모형 II, 그리고 모형 II에 문화적 인접성을 투입한 모형을 모형 III으로 고

---

3) 이러한 검증은 이론적으로 중요하다. 왜냐하면 행태주의 학습의 강화이론은 학습을 위한 개인별 인센티브 구조의 차이를 매우 중요하게 여긴다. 따라서 행태주의적 시각에 따르면 클러스터와 같이 다양한 인센티브를 가진 참여자가 개입되면 전체로서 학습공동체를 구성하기가 어렵다고 결론내릴 수 있다. 만일 결과에서 개인적 변수가 전반적으로 유의한 것으로 판명되면 행태주의적 시각이, 유의하지 않으면 구성주의적 시각이 옳은 것이라고 판단할 수 있다.

려하여 각 인접성이 종속변수에 미치는 영향을 분석한다.

제 4 절 지역혁신 클러스터의 인접성 분석의 결과

클러스터 참여자들의 인식을 조사하면서 쟁점이 되는 사항 중의 하나가 참여의 유인이 소속 집단에 따라서 다르기 때문에 클러스터에서 활발한 교류와 혁신이 발생하기 어렵다는 점이다. 따라서 이 연구의 첫 번째 실증분석으로 참여자들 사이에 인식의 차이가 있는지를 검증한다. 그러나 참여자의 인식 차이에 대한 본격적인 분석은 회귀분석에서 이루어진다는 사실에 유의해야 한다. 왜냐하면 회귀분석에 참여집단 변수를 가변수 처리하여 개인별 변수의 일부로서 투입하기 때문에 다른 변수들의 영향력을 통제하고도 소속기관 간의 인식 차이가 비용 절감, 혁신 그리고 학습 효과에 영향을 미치는지를 회귀분석 과정에서 알 수 있기 때문이다.

1 소속기관 간 인식 차이의 검증: 분산분석과 크루스칼-왈리스분석

1) 독립변수에 대한 분산분석 결과

주된 독립변수인 지리적·조직 간·문화적 인접성 요인에 대한 분산분석 결과는 <표 5-2>와 같다. 원주 의료기기 클러스터의 참여자들은 지리적 인접성에 대해 신뢰구간 99.9%에서 그리고 문화적 인접성에 대해서는 95%에서 통계적으로 유의한 인식의 차이를 보이고 있다. 그러나 조직 간 인접성에 대해서는 세 집

〈표 5-2〉 지리적 인접성, 조직 간 인접성, 문화적 인접성에 대한 분산분석 결과

요인	변량	제곱의 합 (sum of square)	자유도	평균합 (mean square)	F값	유의도
지리적 인접성	집단간	12.543	2	6.271	7.290	.001
	집단내	64.519	75	.850		
조직간 인접성	집단간	2.399	2	1.199	1.185	.311
	집단내	75.890	75	1.012		
문화적 인접성	집단간	6.028	8	3.014	3.143	.049
	집단내	71.934	75	.959		

단 사이에 통계적으로 유의한 인식의 차이가 없었다.

분산분석에서 드러난 결과를 토대로 지리적 인접성과 문화적 인접성에 대해 던컨(Duncan) 비교법에 의해 사후 검증을 실시한 결과 집단 간 차이가 나타난 두 가지 인접성 모두에서 정부기관 참여자의 수치가 높은 것으로 밝혀졌다. 즉 기업인과 연구기관 종사자들은 공무원과 비교할 때 원주 의료기기 클러스터 기관들의 지리적 인접성과 문화적 인접성이 부족하다고 인식하는 것으로 밝혀졌다.

2) 종속변수에 대한 크루스칼-왈리스분석 결과

종속변수인 비용 절감 효과, 혁신 효과, 학습 효과에 대해 참여자들이 어떻게 인식하고 있는지 집단 간 차이를 분석하는 비모수 통계기법인 크루스칼-왈리스 검증을 실시했다. 검증 결과는 <표 5-3>과 같다. <표 5-3>에 따르면 비용 절감 효과에 대해서만 인식의 차이가 99% 신뢰구간에서 유의한 것으로 나타났다. 상대적으로 공무원의 경우 비용 절감 효과가 클 것이라고 인식하고 있다. 그 밖의 두 변수는 집단 간에 통계적으로 유의한 차이는 없는

〈표 5-3〉 비용 절감, 혁신, 학습에 대한 크루스칼-왈리스분석 결과

변수	참여집단	N	순위 평균	F값	자유도	유의도
비용 절감	기업	37	33.18	10.476	2	.005
	연구기관	23	38.23			
	정부	18	51.92			
혁신	기업	37	34.97	5.491	2	.064
	연구기관	23	39.78			
	정부	18	46.53			
학습	기업	37	36.78	2.644	2	.267
	연구기관	23	38.37			
	정부	18	46.53			

것으로 규명되었다.

이와 같은 집단 간 차이에 관한 분석 결과는 원주 의료기기 클러스터의 특성상 연구기관과 기업 간의 관계가 긴밀하다는 점에서 클러스터에 참여하는 연구진과 기업체 관리자와의 공감대가 형성되어 있다는 사실을 반영한다. 그것은 공무원에 비해 연구기관과 기업은 클러스터의 조건이 여전히 부족한 면이 많다는 사실을 더 절실하게 인식하고 있다는 것을 입증한다고 해석할 수도 있다.

2 인접성 변수에 대한 요인분석 결과

독립변수의 종속변수에 대한 영향을 검증하기 위한 전 단계로 이론적 검토에서 설정한 독립변수가 지리적 · 조직적 · 문화적 인접성이라는 요인으로 추출될 수 있는지 검토했다. 10개의 독립변수에 대해 요인분석을 실시했고, 아이겐 값이 1.0 이상인 요인을

중심으로 추출했다. 요인 추출의 방법은 주성분 분석 방법을 사용했으며 요인 회전은 배리맥스 직교 회전 방식을 활용했다.

이 연구는 차후에 회귀분석을 실시할 예정이므로 독립성을 가정하는 직교 회전 방식을 실시할 때 다공선성으로 인한 추정의 오류를 방지할 수 있다. 독립변수들에 대한 요인분석의 적절성 검증에서 KMO(Kaiser-Meyer-Olkin) 척도값이 .802로 비교적 높은 편이며 바틀렛(Bartlett)의 구형성 검증에서도 유의확률 p값이 .000으로 매우 작아 통계적으로 유의미한 것으로 나타났다. 따라서 요인분석을 할 만한 공통 요인이 존재한다고 판단할 수 있다.

요인분석의 결과 독립변수들은 <표 5-4>와 같이 통계적으로

〈표 5-4〉 독립변수에 대한 요인분석 결과

요인 / 변수	요인 1 지리적 인접성	요인 2 조직간 인접성	요인 3 문화적 인접성
기업 간 지리적 인접성	.812	.324	.050
기업과 연구기관의 지리적 인접성	.719	.493	-.067
정부기관의 지리적 인접성	.728	.172	.112
특별 서비스기관의 지리적 인접성	.785	-.079	.334
기업 간 경제적 연관 관계	.064	.624	.266
연구개발 협력체	.215	.871	.101
기업과 정부 간 협력체	.299	.734	.282
규범의 공유	-.022	.106	.828
신뢰의 공유	.285	.233	.772
목표의 공유	.172	.441	.614
아이겐 값	2.574	2.330	1.951
분산 비율	25.742	23.297	19.512
누적분산 비율	25.742	49.038	68.550
Cronbach α	.813	.765	.734

서로 독립적인 3개의 요인으로 추출되었다. 이 중 요인 1을 '지리적 인접성'으로, 요인 2를 '조직 간 인접성'으로 그리고 요인 3을 '문화적 인접성'으로 명명했다. 앞에서 예상했던 대로, 독립변수로서 설정했던 변수 가운데 기업 간 지리적 인접, 기업과 연구기관의 지리적 인접, 정부기관의 지리적 인접, 그리고 서비스 기관의 지리적 인접 등의 변수가 지리적 인접성에 관한 변수로 추출되었다. 기업 간의 하청 관계, 연구개발 협력체, 그리고 기업과 정부와의 협력체 등은 조직 간 인접성의 변수로 추출되었고 신뢰, 규범, 목표의 공유 등은 문화적 인접성의 변수로 추출되었다.

3 비용 절감, 혁신 그리고 학습에 대한 회귀분석 결과

클러스터의 성과에 영향을 미치는 요인들을 검증하기 위해서 <표 5-4>에서 제시된 요인분석 결과를 토대로 위계적 회귀분석을 실시했다. 종속변수의 순서에 따라서 비용 절감, 혁신 그리고 학습에 대해 세 가지 모형을 순차적으로 회귀분석한 결과를 다음과 같이 확인할 수 있다.

1) 비용 절감 효과에 대한 회귀분석 결과

먼저 산업집적지에서 중시하는 지리적 인접성이 중요한 변수로 기능할 것으로 예상되는 비용 절감 효과에 대한 회귀분석의 결과는 <표 5-5>에 제시되었다. 회귀분석 결과에 따르면 지리적 인접성은 실제로 핵심적인 역할을 하는 것으로 밝혀졌다. 개인적 변수와 지리적 인접성 변수만을 투입한 첫 번째 모형에서 기업체 종사자 변수는 95% 신뢰구간에서 그리고 지리적 인접성 변수는 99% 신뢰구간에서 통계적으로 유의미한 것으로 나타났다. 즉 기업체 종사자가 아닌 참여자가 클러스터가 비용 절감에 도움을 주

〈표 5-5〉 비용 절감 효과에 대한 위계적 회귀분석 결과

독립변수		모형 I			모형 II			모형 III		
		B	β	t	B	β	t	B	β	t
통제변수	성별	-.201	-.059	-.543	.034	.010	.096	.260	.077	.755
	학력	-.224	-.107	-.989	-.239	-.114	-1.118	-.113	-.054	-.548
	기업체	-.564	-.313	-2.024*	-.472	-.262	-1.782	-.328	-.182	-1.295
	연구기관	-.380	-.190	-1.429	-.360	-.180	-1.434	-.172	-.086	-.705
	연령	-.053	-.014	-.100	-.297	-.080	-.588	-.442	-.119	-.927
인접성	지리적	.331	.336	3.129**	.363	.403	3.623**	.338	.430	4.101***
	조직 간				.280	.311	3.129**	.295	.328	3.500**
	문화적							.279	.310	3.199**
Constant		4.434			5.027			5.109		
R^2		.275			.363			.444		
조정된 R^2		.214			.300			.380		
F		4.546**			5.771***			6.986***		
R^2 변화량		-			.088			.081		

$^{*}p<.05$, $^{**}p<.01$, $^{***}p<.001$

는 것으로 인식하고 있고 지리적으로 인접할수록 클러스터의 비용 절감 효과는 커진다고 인식하는 것으로 나타났다.

그런데 조직적 인접성과 문화적 인접성의 변수가 각각 투입되면서 모형 I에서 .275이던 회귀모형의 설명력이 모형 II와 III에서 각각 .088 그리고 .081씩 상승한다. 조직적 인접성과 문화적 인접성의 변수가 통계적으로 중요한 것을 반영하는 결과이다. 조직적 인접성과 문화적 인접성 변수는 그 회귀계수도 통계적으로 유의한 것으로 나타났다. 그리고 두 번째와 세 번째 모형에서 개인적 변수는 더 이상 통계적으로 유의하지 않은 것으로 나타나 클러스터의 비용 절감에 대한 인식에 대해 참여자의 개인적 배경은 통계적으로 중요하지 않다고 분석할 수 있다.

결국 모든 개인적 변수와 인접성 변수가 투입된 마지막 모형에서 지리적 인접성, 조직적 인접성, 문화적 인접성이 모두 통계적으로 유의한 것으로 나타났다. 특히 지리적 인접성의 회귀계수가 가장 크고 통계적 유의도도 가장 높아 비용 절감에 대한 인식에 지리적 인접성에 대한 인식이 중요한 영향을 미칠 것이라는 이론적 분석의 가설이 입증된 것으로 보인다.

2) 혁신 효과에 대한 회귀분석 결과

이 연구의 핵심에 해당하는 지식 성과를 나타내는 종속변수 중에서 혁신에 대한 독립변수의 통계적 중요도는 비용 절감 효과에 대한 인식과 다른 양상을 보인다. 개인적 변수는 전혀 통계적으

〈표 5-6〉 혁신 효과에 대한 위계적 회귀분석 결과

독립변수		모형 I			모형 II			모형 III		
		B	β	t	B	β	t	B	β	t
통제변수	성별	-.184	-.056	-.466	.244	.075	.741	.459	.140	1.453
	학력	.094	.047	.392	.069	.034	.350	.189	.094	1.006
	기업체	-.541	-.313	-1.824	-.378	-.218	-1.549	-.239	-.138	-1.029
	연구기관	-.253	-.133	-.898	-.211	-.111	-.919	-.033	-.017	-.149
	연령	.139	.039	.251	-.316	-.088	-.693	-.450	-.126	-1.046
인접성	지리적	.077	.089	.691	.138	.159	1.508	.161	.186	1.871
	조직 간				.502	.579	6.096***	.517	.596	6.686***
	문화적							.266	.307	3.327**
Constant		3.525			4.647			4.706		
R^2		.105			.410			.489		
조정된 R^2		.031			.352			.432		
F		1.626			7.135***			8.500***		
R^2 변화량		-			.305			.080		

* p<.05, **p<.01, ***p<.001

로 유의미한 영향을 미치지 못한다. 그리고 지리적 인접성 변수는 세 모형을 거치는 동안 전혀 통계적으로 유의한 영향이 없는 것으로 나타났다. 대신 모형 II부터 회귀모형이 통계적으로 유의해지는데 혁신에 대해 조직 간 인접성과 문화적 인접성의 중요도가 높은 것으로 나타났다. 모형 II에서 조직적 인접성 변수가 투입되면서 회귀모형이 통계적으로 의미가 있는 것으로 나타나고 설명력은 .305만큼 상승하여 모형 II의 설명력이 .410이 된다.

문화적 인접성이 투입된 모형 III에서 전체 모형의 설명력은 .080 상승한다. 모형 III에서 조직 간 인접성의 중요성은 유지되면서 문화적 인접성도 99% 구간에서 유의미한 영향을 주는 것으로 나타났다. 결국 클러스터 참여자들은 조직 간 연계가 활성화되고 문화적으로 가치와 규범, 신뢰를 공유하면 혁신이 활성화된다고 인식하지만 단지 지리적으로 가까이 있다고 해서 혁신에 도움이 되는 것은 아니라고 인식하는 것으로 판명되었다.

3) 학습 효과에 대한 회귀분석 결과

마지막으로 클러스터에서의 학습에 대한 위계적 회귀분석에서도 지리적 인접성보다 조직 간, 문화적 인접성의 중요도가 높은 것으로 밝혀졌다. 혁신의 경우와 마찬가지로 학습에서도 지리적 인접성과 개인적 변수가 투입된 모형 I은 통계적으로 유의하지 않은 것으로 나타났다. 그러나 조직 간 인접성이 투입된 모형 II는 모형의 설명력이 .174만큼 증가하여 통계적으로 유의하며 조직 간 인접성은 99.9% 신뢰구간에서 통계적으로 유의미한 영향을 주는 것으로 나타났다. 그리고 문화적 인접성 변수를 투입한 모형 III에서 모형의 설명력은 다시 .166 증가한다. 여기서 조직 간·문화적 인접성은 모두 99.9% 신뢰구간에서 유의미하며 지리적 인접성 변수도 95% 신뢰구간에서 유의미한 것으로 나타났다.[4)]

〈표 5-7〉 학습 효과에 대한 위계적 회귀분석 결과

독립변수		모형 I			모형 II			모형 III		
		B	β	t	B	β	t	B	β	t
통제변수	성별	-.373	-.104	-.874	-.019	-.005	-.047	.320	.089	.904
	학력	-.379	-.171	-1.450	-.400	-.180	-1.698	-.210	-.094	-.992
	기업체	-.294	-.155	-.913	-.158	-.084	-.544	.061	.032	.234
	연구기관	-.293	-.140	-.962	-.259	-.124	-.943	.023	.011	.093
	연령	.489	.124	.818	.112	.028	.204	-.099	-.025	-.206
인접성	지리적	.150	.157	1.241	.201	.211	1.832	.237	.249	2.451*
	조직 간				.416	.438	4.228***	.439	.462	5.062***
	문화적							.422	.443	4.691***
Constant		2.327			3.256			3.350		
R^2		.126			.300			.466		
조정된 R^2		.054			.232			.405		
F		1.758			4.408***			7.734***		
R^2 변화량		-			.174			.166		

*p<.05, **p<.01, ***p<.001

학습에 대한 위계적 회귀분석의 결과를 통해 조직 간·문화적 인접성이 지식 성과의 실현에 가장 중요한 변수로 인식한다는 점을 재확인할 수 있다. 즉 혁신 클러스터의 경쟁력을 지식 기반 경제에 적합한 지식 성과의 향상을 통해 실현하려면 클러스터의 다양한 기관들은 조직적·문화적으로 활발한 상호작용을 실현해야 한다는 사실을 입증하는 것이다.

4) 두 변수 사이의 상호작용의 전체 모형에 대한 영향을 분석하기 위해 상관항(interaction term)을 투입했으나 상관항의 개입은 통계적으로 유의하지 않은 것으로 나타났다. 독립변수 사이의 관계에 대한 좀더 엄밀한 분석은 후속 연구의 몫으로 남긴다.

4 분석 결과의 요약

실증분석 결과를 요약하면 <표 5-8>과 같다. 독립변수 중에서 개인적 변수는 클러스터의 효과에 대한 인식에 전혀 영향을 주지 않는다. 따라서 지식 성과 부분과 연관하여 행태주의 학습이론에 의거하여 참여자 개인별로 인센티브의 차이가 있기 때문에 클러스터에서 혁신과 학습은 발생하기 어려울 것이라는 주장은 설득력이 없는 것으로 여겨진다. 개인적 차이가 있더라도 지리적으로 인접하면 비용 절감 효과는 발생하고 조직 간·문화적 유대가 강하게 조성되면 혁신과 학습도 활발해질 여지가 있다고 인식한다는 사실을 확인할 수 있다.

개인 변수가 통계적 영향이 없는 것에 비해 지리적 인접성은 비용 절감 효과에, 조직 간 인접성은 혁신 효과와 학습 효과에 상대적으로 중요한 영향을 미친다. 문화적 인접성은 가장 유의도가 높은 변수로 판명되지 않았으나 세 가지 종속변수 모두에 유의한 영향이 있는 것으로 나타났다. 이와 같은 연구의 결과로 미루어

〈표 5-8〉 독립변수의 종속변수에 대한 영향

종속변수 / 독립변수	비용 절감 효과	지식 성과	
		혁신 효과	학습 효과
개인적 변수	×	×	×
지리적 인접성	◎	×	△
조직 간 인접성	○	◎	◎
문화적 인접성	○	○	○

주: ◎는 독립변수 중 가장 유의도 높음. ○는 통계적 영향 있음. ×는 영향 없음, 그리고 △는 문화적 인접성과 함께 있을 때만 영향 있음.

볼 때 지식 성과를 향상시키기 위해 중요한 변수는 조직 간 인접성과 문화적 인접성이라고 판단된다. 따라서 혁신 클러스터의 발전에 대한 정책적 함의를 도출하기 위해 조직적 인접성과 문화적 인접성을 향상시킬 대안을 마련할 필요가 있다.

제 5 절 원주 의료기기 클러스터의 인접성 향상을 위한 발전 방안

이 연구는 참여자의 인식에 기반을 둔 실증적 분석을 통해서 클러스터링의 기대 효과를 극대화하는 데 조직 간 인접성과 문화적 인접성이 중요한 요인이라는 사실을 밝혔다. 따라서 원주 의료기기 클러스터에서 지리적, 조직 간, 문화적 인접성을 향상시키기 위한 발전 방향을 제시하는 것으로 연구의 함의에 대신하고자 한다.

1) 지리적 인접성의 향상을 위한 방안

현재 혁신 클러스터로의 발전을 모색하는 원주 의료기기 클러스터의 경우 각각 비교적 근거리에 있는 3개 공단에 산재해 있으나 기관들 사이의 효과적인 입지와 교통통신망 등의 구축 정도가 상당히 낮은 편이다. 따라서 3개 공단 사이를 효과적으로 연계할 수 있는 도로망의 확충이 필요할 것이며, 정부를 중심으로 한 공공기관의 경우 클러스터의 다양한 민원 처리 과정에서 정보통신망의 확충을 통해 원스톱 또는 논스톱 서비스를 좀더 활성화할 것을 고려할 필요가 있다. 실제로 정보통신망의 구축은 물리적 거리를 축소시켜 지리적 인접성을 높이는 데 매우 중요한 요인이 되기 때문이다.

그리고 우수 인력과 유력 기업의 유치를 위해 학교·병원·문화체육 시설 등을 확충하여 원주시의 정주 여건을 개선하는 것도 필요하다. 그뿐만 아니라 의료기기 산업의 경우 첨단기술에 민감해야 하며 원주권 클러스터의 역량을 국내외에 알리는 조직경계관리(boundary spanning) 기능이 중요하므로 국제적인 컨벤션을 주기적으로 개최할 수 있는 컨벤션 시설을 확충하는 것도 필요하다.

2) 조직 간 인접성의 향상을 위한 방안

조직 간 인접성은 지식 성과에 대해 매우 중요한 영향을 미치는 요인이다. 인접성의 향상을 위한 대안은 클러스터에 입지한 기관들 사이의 정치적·경제적 성과를 향상시키기 위해 구조적 거리를 축소시키는 방안으로 구성된다.

먼저 기업 간 경제적 하청 관계는 반복된 거래와 교역을 통한 관계를 초월해서 기업 간 인적 구성원을 공유할 정도로 협력 관계가 발전할 때 그 성과가 높아질 것이다. 현대 기업조직들은 다양한 기업과의 교류와 협력을 위해 지배구조를 개편하는 과정에서 이사회를 연계하거나 직원들을 교환하는 체계를 적극적으로 활용한다(Daft, 2001). 원주 의료기기 클러스터의 경우 중앙정부에서 추진하는 지역혁신 체제(regional innovation system)를 활용하여 기업체 직원들을 특정 주제에 따라서 결집시키는 포럼 프로그램에 참여하는 방식으로 관리자와 직원의 교류를 시작할 수 있을 것으로 판단된다.

기업과 연구기관 사이의 협력 관계도 초보적인 수준에서는 연구기관과 기업의 개인적 연줄을 중심으로 형성되지만 좀더 발전적인 대안으로 승화되기 위해서는 지적 자원을 비경합적으로 공유할 수 있는 제도적 장치를 마련하는 것이 중요하다. 그런 의미에서 현재 원주지역 의료기기 클러스터에서 적극적으로 활용되고 있는 미니클러스터를 통한 기업과 연구기관 간의 지속적인 교류 제도는 조직 간 인접성을 향상하는 데 도움을 줄 것이다.

마지막으로 클러스터 내에 존재하는 기업과 정부기관과의 협력체에서 특히 한국적인 상황에서 공공기관에 의한 집권적인 관리 체제가 만연되어 있다. 그러나 클러스터에서 혁신과 학습의 역량을 향상시키고 산업경쟁력을 향상시키는 데는 분권적인 관리 방식이 적절하다. 그랜트(Grant, 1996: 118)의 연구는 "특정 기관에서 명시적 지식과 묵시적 지식을 포괄한 지적 자원을 통합하고 그것을 가진 사람만 그 지식을 활용하면 기관들 사이의 계층제적인 조정은 실패한다"고 결론을 내린 바 있다. 따라서 클러스터의 분권적인 관리 체제를 구축하면서 다양한 지적 자산을 공유하고 확산할 수 있는 방안을 모색할 필요가 있다. 원주 의료기기 클러스터의 경우 대학이 중심이 된 '의료기기 테크노밸리'가 주도적으로 클러스터링 과업을 수행해 왔고 그 성과가 매우 높지만 향후 진행 방향으로는 주도적인 과업 수행의 책임을 좀더 다양한 참여기관에 분권화할 필요가 있다는 사실을 시사하는 연구 결과이다.

3) 문화적 인접성의 향상을 위한 방안

문화적 인접성은 이론적 분석에서 예상한대로 지식 성과를 높이는 데 기여하기도 하지만 경제적인 측면에도 기여하는 중요한 영향 요인이다. 문화적 공유의 폭이 넓을 경우 학습공동체에서 중시되는 상호 이해와 자기 성찰에 입각한 자기 주도적 혁신이나 학습이 발생하기 쉽다. 그 구체적인 전략을 신뢰, 규범 그리고 목표의 공유 순서대로 나열한다.

첫째, 클러스터에서 공유되는 지적 자산을 명확한 보상으로 보호하기 위한 공식적·비공식적 체제의 확립이 중요하다. 지적 자산에 대한 신뢰와 관련해서 새로운 아이디어와 혁신을 위한 역량을 제공하는 경우 명확하고 투명한 보상을 지급할 수 있는 시스템을 설계하여 지식 성과를 공유할 때 타인의 성과에 무임승차하려는 행태가 발생하지 않도록 상호 신뢰의 문화를 확산하는 제도를 완비하는 것이 중요하다. 원주 의료기기 클러스터의 경우 성과에 대한 보상 시스템을 완비하기 위해 지적재산권에 대한 확고한 기준을 마련하고 지식정보를 체계적으로 저장하는 지식관리시스템을 도입하고 그 관리를 중시하는 문화를 클러스터 추진단을 중심으로 조성하는 것이 중요하다.

둘째, 효과적인 지식의 공유와 확산을 도모하기 위한 규범 형성을 위해 클러스터 참여기관들을 규율하는 지역사회의 규범은 국가적 규범에 합치시키는 것이 중요하다. 국가혁신 체제가 추구하는 규범이 지역혁신 체제나 클러스터의 규범과 충돌할 때, 정책적 조화를 형성하기 위한 거래비용이 증가하기 마련이다. 그리고 국가의 정책 목표에 클러스터의 규범을 합치시킬 때, 불필요한 문화적 갈등과 격차도 줄일 수 있다(Inkpen & Tsang, 2005). 의료기기 클러스터의 경우 중앙정부의 의료 및 보건정책에 부합하는 규범을 지역혁신 클러스터에서도 구축하는 것이 바람직하다.

마지막으로 목표와 비전도 클러스터의 발전 단계에 맞도록 확립할 필요가 있다. 원주 의료기기 클러스터의 경우 전체 참여자들이 구성주의적 학습공동체를 형성하고 지속적으로 지식 자원을 공유할 비전과 리더십이 구축되어 있는지는 의문이다. 최근까지 클러스터 추진단의 주된 역할이 하드웨어와 참여자들을 확보하는 데 있었다면 이제는 그렇게 결성된 참여자들을 하나의 비전과 공동체 의식으로 통합적 발전적 리더십을 배양하는 것이 중요하다(Drucker, 2002).

제 6 절 지역혁신 클러스터의 인접성에 대한 미래 연구의 방향

이 장은 지식기반 사회에서 지역 균형 발전의 유용한 수단으로 활용되고 있는 지역혁신 클러스터에 대해 학습과 혁신이 실행되는 과정을 이해하기 어렵고 현실적으로 다양한 인센티브를 가진 참여자의 협력과 조정이 매우 어렵다는 두 가지 쟁점에서 출발했다. 이론적 분석에서 클러스터의 유형별 개념, 인접성과 그 효과와의 관계를 검토하여 비용 절감 효과와 혁신과 학습이 발생하는 과정을 설명했다. 그리고 실증적 분석을 통해 조직 간 인접성과 문화적 인접성을 향상시키는 것이 중요하다는 사실을 원주 의료기기 클러스터 참여자들의 인식을 중심으로 밝혀내었다. 그리고 조직 간·문화적 인접성을 향상시키기 위한 대안을 기존 연구들을 중심으로 확인했다. 이와 같은 성과들은 현재 한국의 맥락에서 현실적으로 중요한 교훈을 준다. 국가가 역점적으로 육성하는 지역혁신 체제와 지역혁신 클러스터는 학습공동체로 양성하여 해당 지역을 학습지역으로 발전시킬 때 지역경쟁력을 제고할 수 있는 것이다. 그런 의미에서 혁신 역량과 학습 능력 등 지식 성과를 향상시키기 위해 조직 간 협력과 문화적 공유 체제를 확산하는 것은 반드시 충족되어야 할 필요 조건이다.

제 6 장 원주 의료기기 클러스터의 학습과 혁신

제 1 절 지역혁신 클러스터의 학습과 혁신에 대한 사회적 관계의 중요성

이 책에서 지역혁신 클러스터에서 학습과 혁신이 가장 핵심적이 개념임을 이미 지적한 바 있다. 그런 맥락에서 원주 의료기기 클러스터의 학습 및 혁신 역량과 발전 가능성을 진단하는 것은 바로 한국의 지역혁신 클러스터의 발전 방향을 가늠하는 의미가 있다. 그러나 이러한 쟁점은 이론적으로도 큰 의미가 있다. 그간 클러스터에 관한 연구는 지역 군집을 통한 규모의 경제의 실현에 초점을 맞춘 경제학적 관점에서 시작되었다. 그 이후 경제학계 일각에서 클러스터의 경제적 효과에 대한 분석이 있었으나 클러스터에 대한 사회적 분석은 드물었다. 그런데 클러스터의 사회적 분석은 매우 중요하다. 특히 지식정보화 사회에서 지역의 경쟁력을 제고하는 핵심적인 역할을 수행하기 위해서는 클러스터에서 발생하는 지식의 이전과 학습, 그리고 혁신이 활발하게 유지되어야만 한다. 클러스터가 이와 같은 학습공동체로서 기능하기 위해서는 정치적으로 민주적인 담론구조, 그리고 사회적으로 구성적인(constitutive) 구조가 형성되어야만 한다. 그런 의미에서 이 장에서 다루는 내용은 한국 지역혁신 클러스터의 정치적·사회적 역량과 가능성에 대한 평가를 내린다는 의미가 있다.

제 2 절 지역혁신 클러스터의 학습, 혁신과 영향 요인에 대한 이론적 분석

학습과 혁신을 유발하는 요인으로서의 사회적 자본과 전략적 제휴에 대한 이론을 설명하는 과정은 주로 세 단계로 구성된다. 첫 단계에서 클러스터가 형성되는 동기와 그러한 동기를 뒷받침하는 이론들을 살펴본다. 두 번째로 학습과 혁신에 중요한 영향을 주는 전략적 제휴와 사회적 자본을 학습 및 혁신과의 연관 관계를 중심으로 살펴본다. 마지막으로 실증적인 분석을 위한 가설과 분석모형을 설정한다.

1 클러스터의 설립 동기와 핵심 요소

OECD는 시대와 장소에 따라 클러스터를 다르게 정의될 수 있지만 일반적으로 "공통의 물리적·지적 기반 구조에 기초한 공공재를 개발·활용하면서 기업, 지식 생산기관, 지식 확산기관, 고객 등이 수직적·수평적으로 연계된 연결망"(OECD, 2001: 29)으로 정의할 수 있다고 설명한다. 전통적으로 클러스터는 경제적 편익을 추구하기 위한 산업 정책적 수단으로 활용되어 왔다. 그러나 최근 지식기반 경쟁력이 중시되면서 클러스터는 사회적 교류를 통한 학습과 혁신의 수단으로 활용되었다.[1] 먼저 국가가 클러스터를 조성하는 동기와 그에 따라서 중시되는 요인들을 검토하고자 한다.

1) 경제적 편익을 유발하는 지리적 인접성과 산업 연관 효과

발전주의 국가가 산업지구를 전가(傳家)의 보도(寶刀)로 활용했던 가장 주된 목적이 경제적 편익을 증대시키는 데 있었음은 이론의 여지가 없다. 그리고 경제적 편익을 높이는 데 지리적 인접성과 산업 연관 효과가 매우 중요한 요인이라는 점도 앞에서 이미 살펴본 바와 같이 명백한 사실이다. 경제적 편익이 산업 클러스터의 설립 동기라면 지리적 인접성과 연관 효과는 경제적 편익을 유발하는 핵심 요소로 여겨져 왔다. 이와 같은 인접성, 연관 효과 등과 클러스터의 경제적 편익에 관한 연구는 전통적으로 외부 효과(externalities)를 중심으로 한 재정학적 분석,[2] 신제도 경제학의 거래 비용(transaction costs) 감축에 관한 논의 산업적인 연관 효과가 유발하는 경제적 성과를 탐색하는 연구로 구성된다.

피터스 외(Peeters et al., 2001)는 클러스터가 형성됨으로 인해 발생하는 경쟁력 향상의 효과를 개별 기업에 한정하지 않고 전체

---

1) 그런 의미에서 OECD(2001)는 학습과 혁신을 중시하는 혁신 클러스터와 기존의 산업 클러스터의 개념을 완전히 구분하고 있다.

2) 클러스터는 외부경제의 효과 즉 정의 외부 효과(positive externalities)를 갖는 것으로 평가된다. 유사한 업종에 종사하는 기업이 모이면 기업에 유리한 요인들도 함께 집적된다는 개념이다. 마셜(A. Marshall)의 기본 가정은 지역산업에서 지리적인 인접성이 비용 절감에 결정적인 영향을 미치며 결국 경쟁력의 향상을 가져온다는 국지화의 경제(localization economies) 논리에서 출발한다. 긍정적 외부 효과를 높이고 거래비용을 절감하기 위해 동일한 산업에 속한 기관들이 지리적으로 근접한 산업지구에 입지하면 차별화와 비용 절감 효과에 따라서 타 지역에 입지한 기업들에 비해 경쟁 우위에 선다는 점에서 찾을 수 있다.

지역을 중심으로 분석한다. 그리고 한국에서 권명중 외(2005)는 원주 의료기기 클러스터가 강원도 전역에 파급하는 경제적 편익을 분석하고 있으며, 김성태·노근호(2004)는 한국의 경우 클러스터의 구축이 지역경제의 성장에 긍정적인 영향을 주며 도시권의 클러스터가 비도시권의 클러스터보다 더 큰 효과를 발휘한다는 결론을 도출한다. 이와 같은 연구로 미루어 볼 때 클러스터의 경제적 성과를 높이는 데 지리적 인접성과 산업 연관 효과는 매우 중요한 요인이라고 판단된다.[3)]

그러나 지리적으로 인접하고 산업적으로 연관된 기관들이 이 연구의 주제인 혁신이나 학습을 직접적으로 유발하는가에 대한 실증적 검토는 발견하기 어렵다. 카마니(Camagni, 1995) 그리고 최병호 외(2005)의 연구에서 근접한 산업지구에서 협력 관계가 발생할 가능성이 농후하다고 주장하고 있으나 실증적인 후속 연구가 제시된 바는 없다. 오히려 혁신 클러스터에 관한 논의를 촉발했던 OECD(2001)의 보고에 따르면 교통·통신 수단의 발달이 공간적 거리를 축소시킴에 따라 지리적 인접성이 유발하는 효과는 줄어들고 산업 간의 교류가 활발해져야 학습과 혁신의 효과가 극대화될 것이라고 예상한다. 따라서 클러스터의 학습과 혁신에 관한 더 의미 있는 논의는 전략적 제휴와 사회적 자본 등 사회적 관계에 관한 연구에서 발견될 수 있을 것이다.

---

3) 실제로 인접성과 산업 연관 효과는 한국 클러스터의 발전 과정에서 매우 중요한 이슈였다. 특히 한국의 클러스터의 성과가 부진해질 수 있는 중요한 요인으로 한국의 클러스터가 산업 연관 효과를 전략적으로 설계하지 못하고 있기 때문이라는 지적이 큰 설득력을 얻고 있다. 이러한 우려는 이 연구의 많은 면접 대상자들이 한국의 클러스터가 비즈니스 모형(business model)과 유리되어 있기 때문에 많은 예산이 투입되면서도 사업의 연속성과 실현 가능성이 떨어지고 성과도 낮은 것이라고 지적한다.

2) 학습과 혁신을 유발하는 전략적 제휴와 사회적 자본

OECD(2001)는 최근의 클러스터 조성에 관한 이상적인 추세는 지식기반 사회의 도래에 걸맞게 학습과 혁신 능력을 향상시키는 방안이라는 사실을 강조한다(Hertog et al., 1999). 이러한 관점은 지식기반 경제의 경쟁력은 혁신 능력에 의해 결정되고 혁신 능력은 다양한 기관의 창의적 상호작용과 기술의 발전, 그리고 기관 간의 협력적 연구개발 등 다양한 학습 능력에 의해 좌우된다는 기본 가정을 내포한다(OECD, 1999). 그렇다면 클러스터의 학습과 혁신 능력은 어떻게 구성되는가?

OECD(2001) 등 기존 연구에 따르면, 구성원들의 학습과 혁신을 장려하려면 단지 지리적으로 근접한 곳에 다양한 구성원들을 입지시키는 것을 넘어서 구성원들이 자발적으로 같은 이익을 추구하는 다른 참여자와 협력하는 사회적 관계를 조성해야 한다고 한다.[4] 잉크펜과 창(Inkpen & Tsang, 2005)에 따르면, 기관 간의 관계 속에서 발생하는 학습과 혁신은 전략적 제휴와 사회적 자본에 의해 향상된다. 협력 관계를 형성하기 위해 일단의 기관들은 전략적으로 제휴한다. 생산품, 기술 그리고 서비스의 교환, 공유, 공동 개발 등을 위해 조성된 다양한 제휴 관계에 참여하고 그 참여 과정에서 학습과 혁신이 증진된다. 그리고 바람직한 혁신과 학습의 관행은 사회적 자본에 의해서도 향상된다. 공동체 의식에 의해 결합된 개인이 클러스터에 대한 헌신, 그리고 다른 구성원과의 긴밀한 협력과 문화의 공유를 발휘할 때 학습과 혁신에서 시너지 효과를 창출한다는 것이다.

---

4) 이와같이 혁신 클러스터의 탈지역적·탈산업적 측면이 실현되는 과정에서 가장 중요한 역할을 수행하는 시스템이 지역혁신 체제(Regional Innovation System: RIS)와 국가혁신 체제(National Innovation system: NIS)이다 (OECD, 1999).

2 전략적 제휴와 사회적 자본 그리고 학습과 혁신

그렇다면 지식의 이전을 유발하는 학습과 혁신에 전략적 제휴와 사회적 자본은 어떠한 과정을 거쳐 영향을 미치는가? 전략적 제휴와 사회적 자본의 학습 및 혁신에 대한 연구 성과를 진단하고 그 연구에서 드러난 상호 관계를 상세히 서술하고자 한다.

1) 전략적 제휴와 클러스터의 학습과 혁신

클러스터에 입지한 기업과 연구기관, 그리고 공공기관이 필요에 따라서 각종 연합체나 컨소시엄 등을 형성하는 전략적 제휴의 관계는 조직학의 영역에서 권력과 의존 관계를 설명하는 자원의존이론(resource dependent theory)에 의해 논의되기 시작한다.[5] 클러스터 내의 조직들은 다양하고 변화가 심한 불확실한 환경에 대응하기 위해 조합의 결성, 기술 제휴 제도, 연구개발 컨소시엄의 형성 등과 같은 제휴를 적극적으로 활용한다는 것이다. 이러한 관점은 클러스터를 "부가가치를 창출하는 생산 사슬에 연계된 독립성이 강한 생산 기업과 부품 및 원재료 공급 기업, 최종 소비자, 사용자 기업 등의 연계"로 정의한 포터(Porter, 1998)의 관점으로 계승된다.

실증적 연구에서 이러한 관점은 스페인 통신 클러스터의 기업 간·기관 간 협력 관계에서 발생하는 혁신의 효과에 대한 분석에서 잘 나타나고 있다(Chaminade, 2001).[6] 그리고 참여자들 사이

5) 대표적인 자원의존이론가인 페퍼와 샐란식(Pfeffer & Salancik, 1978)은 개별 조직이 소유하는 지식과 자본은 한정되어 있으며, 그러한 제약 하에서 경쟁적 환경에 대응하기 위해서 개별 기업은 다른 기업이나 기관과 연계를 맺고 협력한다는 이론을 전개한다.

의 강한 제휴 관계는 지식의 이전을 통한 조직혁신에 필요하다는 연구(Inkpen & Dinur, 1998), 제휴 관계를 통한 연계는 상호 학습의 정도와 밀접한 상관 관계를 보인다는 연구 등에서 전략적 제휴의 중요성은 실증적으로 확인되었다(Kale et al., 2000). 나아가서 전략적 제휴의 참여자가 다양할수록 학습 효과는 높아진다는 파크헤(Parkhe, 1991)의 연구와 공통의 문제를 해결하기 위한 협력체가 구성되면 혁신의 효과가 가속화된다는 연구(Uzzi, 1997) 등에서 제휴의 강도와 혁신의 효과가 비례한다는 사실도 실증적으로 확인되었다.[7]

전략적 제휴의 과정에서 사회적으로 상호작용의 수준이 높아지면 개별 기관은 다양한 역할 간 교류가 활발해지고(Ring & Van de Ven, 1994), 지식의 적절성을 평가하고 인식하는 능력이 향상된다(Cohen & Levinthal, 1990; Lane & Lubatkin, 1998). 그것은 정보를 교환하고 처리하기 위한 인센티브가 증가하기 때문이다(Dyer & Singh, 1998; Larson, 1992; Zahra et al., 2000). 라슨(Larson, 1992), 링과 반 드 벤(Ring & Van de Ven, 1994)은 시간의 흐름에 따라서 상호작용이 많아지면 다른 행위자의 능력과 신뢰성에 대한 확신을 갖게 되고 정보 교환의 강도, 횟수, 그리고 정보의 양이 모두 많아지고 그것은 학습 능력의 향상으로 이어진다고 주장한다.

그리고 전략적 제휴 관계는 이 연구의 또 다른 변수인 사회적 자본에도 영향을 주는 것으로 밝혀지고 있다. 라슨(Larson, 1992)

---

6) 이 연구는 조직 간 경제적 자원 이동과 권력 관계의 측면에서 협력의 긴밀도를 측정하고 긴밀도가 혁신의 성과가 달라지는 과정을 분석한다.

7) 한국에서는 규범적인 측면에서 동일한 내용이 제안된 바 있다. 조국현(2004)의 강원도 혁신 클러스터의 사례분석에 따르면 클러스터 인터페이스 등을 통한 기관간의 협력 과정을 유형별로 구분하여 접근하는 것이 효과적이라고 제안한다. 이 연구에서 제시하는 협력의 유형은 기업 간 업종별 연합체, 연구개발 협력체, 그리고 민관협력체 등이다.

은 강한 제휴 관계는 신뢰 수준과 가치와 비전의 공유와 발전에 장기적으로 영향을 미친다는 결론을 도출한 바 있다. 그뿐만 아니라 많은 연구(Anderson, 1990; Schnake & Cochran, 1985; Das & Teng, 1998)에서 기업 간 협력이 원활하면 문화적 만족도가 높아지며, 제휴가 원활할수록 목표와 문화의 공유 수준이 높아진다는 사실을 밝힌 바 있다.

2) 사회적 자본과 클러스터의 학습과 혁신

클러스터에 조성된 사회적 자본은 구성원이 전체 공동체의 가치를 수용하여 공동의 문제를 해결하는 장에서 원활하게 교류하도록 한다. 사회적 자본과 연관한 연구는 클러스터의 학습과 혁신은 전체 산업이 기업, 지식 생산기관, 그리고 지식 확산기관 사이의 사회적 자본을 확충하여 향상될 수 있다는 가능성을 제시한다(OECD, 2001).[8]

이러한 주장은 모건과 나우웨러스(Morgan & Nauwelaers, 1999)의 사회적 자본과 클러스터 정책의 효과성 관계에 관한 연구와 런드발(Lundvall, 1998)의 클러스터를 통한 학습과 혁신의 확산을 위해서는 신뢰의 구축과 비전의 공유를 위한 사회적 자본의 확보가 필수적이라는 연구에서 확인된다. 다이어와 싱(Dyer & Singh, 1998)에 따르면 상호 기대와 신뢰의 수준이 높게 형성되고 목표를 공유하면 공식적인 감독 체계를 설계할 필요성이 없

8) 허토그 등(Hertog et al., 2001)의 시각이 바로 이러한 관점을 표명하고 있다. 이들에 따르면 클러스터는 직·간접적인 유인 체계를 제공하고 연결망의 활동을 촉진할 뿐만 아니라 각종 제도적 환경을 창조하는 포괄적인 거버넌스로 이해해야 한다고 주장한다. 이들의 주장은 OECD의 클리스터 포커스 그룹(Cluster Focus Group)의 관점으로 이어진다. OECD는 혁신 클러스터를 거버넌스 개념으로 이해하고 1) 국가별로 독특한 조합이 가능하며, 2) 클러스터마다 각각 다른 환경이 있으며 차별화와 선택에 관한 전략도 달라야 하며, 3) 이념형적 클러스터는 존재할 수 없다고 주장한다.

어진다. 결국 관계 기관들은 더 많은 자원을 학습과 혁신을 통한 지식의 습득과 발전에 투자할 수 있게 된다. 상호 신뢰가 높은 경우 감시와 협상에 투자하는 시간도 감소한다(Dyer & Singh, 1998). 다른 모든 조건이 동일하다고 가정할 때 무임승차 등에 대한 감독과 협상을 위한 시간이 감소하면 정보의 처리와 교환에 투자하는 시간은 증가한다. 결국 관계의 품질이 높아지면 지식의 이전은 향상된다.

문화적 가치와 학습 및 지식의 이전에 관한 가장 대표적인 연구는 사이와 고샬(Tsai & Ghoshal, 1998)에 의해 수행된 바 있다. 이 연구에서 가치를 공유하면 상호 이해와 사고 및 자원의 교환이 이루어지고 사회적 지식을 통합하는 효과가 있다고 밝힌 바 있다. 그뿐만 아니라 바갓 등(Bhagat et al., 2002)에 따르면 문화를 공유하면 지식의 확산은 자연스럽게 발생할 수밖에 없다고 주장한다. 신뢰에 대해서도 누트붐 등(Nooteboom et al., 1997)은 신뢰의 수준이 높으면 학습의 효과성이 증가한다고 주장하고 있다. 또한 레인과 루바트킨(Lane & Lubatkin, 1998)의 연구에 따르면 기관들이 동일한 가정을 공유하고 있을 때 학습은 촉진된다는 사실을 밝혔다. 한국의 맥락에서도 한성안(2004)의 연구 등에서 사회적 자본이 클러스터의 효과성에 미치는 영향을 검토한 바 있다. 한국소프트웨어진흥원(2004)의 한국 IT 클러스터에 관한 기초 연구에서도 OECD(1999)에서 이미 밝힌 바 있는 신뢰의 구축이 전제되어야만 이념형적 클러스터인 발전형 클러스터를 형성할 수 있다고 처방하고 있다.

3 가설의 설정과 연구모형

혁신 클러스터에 관한 이론적 검토를 통해 학습과 혁신에 영향을 주는 변수들을 전략적 제휴와 사회적 자본의 두 가지 영역에서 추출할 수 있으며, 다음과 같은 가설과 분석의 모형을 도출한다.

1) 사회적 자본 변수

이제까지 논의된 내용들을 검토할 때 혁신 클러스터가 생산하는 주된 성과인 학습과 혁신에 사회적 자본은 매우 중요한 변수이다. 사회적 자본 변수가 중요한 이유는 지식기반 사회에서 기관 간의 학습과 혁신은 행위자 간의 상호작용을 통해 발생하기 때문이다. 사회적 상호작용을 원활하게 하는 가장 중요한 요인이 사회적 자본이며, 특히 학습과 혁신에서 사회적 자본 변수의 중요성이 이미 지적되고 있다(Tsai & Ghoshal, 1998; Bhagat et al., 2002; Nooteboom et al., 1997). 그러한 사실은 이미 많은 연구에서 실증적으로도 입증된 바 있다(Lane & Lubatkin, 1998; Yli-Renko et al., 2001; Zahra et al., 2000). 따라서 목표의 공유, 문화의 공유, 그리고 신뢰 등의 변수로 구성되는 사회적 자본의 영역은 클러스터의 학습과 혁신을 유발하는 강력하고 직접적인 변수로 기능하며, 다음과 같은 가설을 설정할 수 있다.[9]

가설 1: 클러스터에 형성된 사회적 자본은 학습과 혁신에 긍정적인 영향을 준다.

가설 1a: 클러스터 구성원의 목표의 공유는 학습과 혁신에 긍정적인 영향을 준다.

가설 1b: 클러스터 구성원의 문화의 공유는 학습과 혁신에

9) 가설 1은 a, b, c 등의 하위 가설로 구성되고 그 하위 가설을 각각 입증하여 검증된다. 그리고 원칙적으로 하나의 가설에 하나의 종속변수가 포함되어야 하지만, 변수마다 개별 가설을 설정할 경우 가설 수가 폭증하는 문제가 발생하여 편의상 두 개의 종속변수를 하나의 가설에 포함시켰다.

긍정적인 영향을 준다.

가설 1c: 클러스터 구성원의 신뢰는 학습과 혁신에 긍정적인 영향을 준다.

사회적 자본에 관한 연구가 발전함에 따라서 사회적 자본은 다양한 차원으로 구분된다. 여기서는 나하피트와 고샬(Nahapiet & Ghoshal, 1998)의 연구에서 활용된 바 있는 관계적·인지적 영역의 구분을 활용하여 사회적 자본의 개별 변수를 확립했다. 위의 가설에서 1a와 1b의 목표와 문화의 공유는 나하피트와 고샬(Nahapiet & Ghoshal, 1998)의 개념으로 이해할 때 사회적 자본의 인지적 영역(cognitive dimension)에 속한다. 얼마나 많은 구성원이 가치를 공유하는지를 측정하는 것이다. 그리고 가설 1c의 신뢰는 사회적 자본의 관계적 영역(relational dimension)에 속하는 것으로 구성원들이 서로 얼마나 깊이 믿는가를 측정하는 것이다.[10)]

2) 전략적 제휴 변수

최근의 다양한 연구에 따르면 클러스터에 참여하는 기관 사이의 공식적 제휴는 클러스터 내의 학습과 혁신에 직접적으로 긍정적인 영향을 준다. 즉 전략적 제휴 관계를 통한 대면적인 접촉 그 자체가 학습과 혁신의 효과를 높이는 기회로 작용한다는 것이다. 이미 케일 등(Kale et al., 2000)의 기존 연구에 의해 학습 효과에 대한 관계가 그리고 잉크펜과 디너(Inkpen & Dinur, 1998)의 연구에 의해 혁신에 대한 관계가 입증된 사실을 검토한 바 있다. 클러스터의 전략적 제휴 영역의 주요 변수에 대해 기존 연구는 잉

10) 구조적 영역은 전략적 제휴의 관계와 유사한 변수이므로 사회적 자본 영역의 가설에서는 제외했다.

크펜과 창(Inkpen & Tsang, 2005)에 따르면 1) 기업 간 연계와 2) 연구개발 협력 관계 등으로 구성되고, 한국적인 맥락에서 3) 기업과 정부기관 간의 연계 등이 중요하다 (조국현, 2004). 따라서 다음과 같은 가설의 설정이 가능하다.

가설 2: 클러스터에 형성된 전략적 제휴는 학습과 혁신에 긍정적인 영향을 준다.

가설 2a: 클러스터의 기업간 연계는 학습과 혁신에 긍정적인 영향을 준다.

가설 2b: 클러스터의 연구개발 협력 관계는 학습과 혁신에 긍정적인 영향을 준다.

가설 2c: 클러스터의 기업/정부의 연계는 학습과 혁신에 긍정적인 영향을 준다.

3) 사회적 자본의 매개 효과

일반적으로 행위자 간의 공식적 제휴 관계가 형성되면 비공식적 관계가 형성되기 시작하며, 제휴 관계의 성과가 나타나려면 원활한 사회적 신뢰나 목표·비전의 공유가 전제되어야 한다. 클러스터에서의 전략적 제휴는 구성원들의 원활한 사회적 자본의 형성에 기여하며 사회적 자본 변수를 통해 간접적으로도 학습과 혁신에 영향을 준다. 기존 연구 중에서 앤더슨(Anderson, 1990), 슈네이크와 코크란(Schnake & Cochran, 1985), 그리고 다스와 텡(Das & Teng, 1998) 등은 사회적 자본이 전략적 제휴 변수를 부분적으로 매개(partial mediation)하는 것을 예측 또는 입증하고 있다. 따라서 다음과 같은 가설의 설정이 가능하다.

가설 3: 클러스터에 형성된 전략적 제휴는 사회적 자본의 매개를 통해 학습과 혁신에 긍정적인 영향을 준다.

가설 3a: 클러스터의 기업 간 연계는 사회적 자본의 매개를 통해 학습과 혁신에 긍정적인 영향을 준다.

가설 3b: 클러스터의 연구개발 협력 관계는 사회적 자본의 매개를 통해 학습과 혁신에 긍정적인 영향을 준다.

가설 3c: 클러스터의 기업과 정부기관 간 연계는 사회적 자본의 매개를 통해 학습과 혁신에 긍정적인 영향을 준다.

4) 분석모형

문헌분석의 결과를 요약하면 다음의 두 가지로 대별된다. 첫째, 학습공동체로서 클러스터의 학습과 혁신 역량을 결정짓는 주된 요인은 전략적 제휴와 사회적 자본이다. 전략적 제휴는 사회적 자본의 매개를 통해 간접적으로 영향을 줄 수도 있으나 직접적으로도 영향을 준다. 반면 사회적 관계 변수는 직접적으로도 긍정적인 영향을 준다. 둘째, 다양한 실증적 분석을 통해 도출된 유의미한 변수들을 요약하면 전략적 제휴 중에서 기업 간 연계, 연구개발 협력 관계, 그리고 민관 협력 관계 등이 있다. 그리고 사회

[그림 6-1] 혁신 클러스터의 혁신과 학습에 관한 분석모형

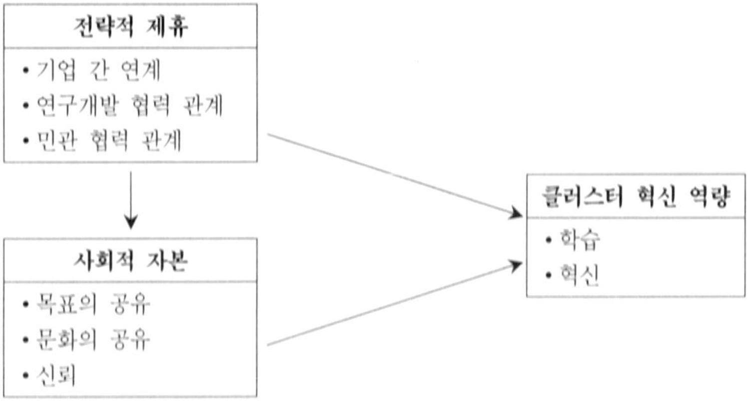

적 자본에서 인지적·관계적 영역을 각각 대표하는 문화와 목표의 공유, 그리고 신뢰의 변수가 대표적인 변수로 활용된다. 이러한 변수와 변수들 간의 관계를 제시하면 [그림 6-1]과 같다.

제 3 절 원주 의료기기 클러스터의 학습, 혁신과 영향 요인의 분석 방법

전략적 제휴와 사회적 자본이 클러스터의 학습과 혁신에 주는 영향을 분석하기 위해 제5장에서 했던 것과 동일한 원자료를 활용했음을 밝힌다. 그리고 자료의 분석을 위해 PC-SAS Package 9.0을 활용했다. 그리고 분석모형을 검증하기 위해 매개회귀분석을 실행했다.[11] 주요 과정은 배런과 케니(Baron & Kenny, 1986)에 의해 제시된 3단계 매개회귀분석(three step mediated regression analysis)을 따랐다. 첫 번째 단계로 매개변수를 독립변수에 대해 회귀분석했으며, 여기서 도출된 아홉 개의 회귀계수를 <표 6-1>의 '1단계' 행에 기록했다. 두 번째로 종속변수를 독립변수에 대해 회귀분석하고 여기서 도출한 6개의 회귀계수는 <표 6-1>의 '2단계' 행에 기록했다. 세 번째로 종속변수를 독립변수와 매개변수에 대해 동시에 회귀분석을 했다. 즉 모든 독립변수

11) 여기서 구조방정식 모형을 활용하지 않은 가장 주된 이유는 표본의 크기가 작기 때문이다. 원주 의료기기 클러스터가 소규모 클러스터이기 때문에 참여자 전체를 조사한다고 할지라도 구조방정식에 의한 경로분석을 실시하기에 부적절하게 작은 규모의 조사가 된다. 그리고 이 연구의 자료가 다음에 소개될 매개회귀분석에서 충족되어야 할 몇 가지 가정을 이 연구의 표본이 충족시킨다는 점을 고려할 때 매개회귀분석이 이 연구의 적절한 분석 방법이라고 판단된다.

와 매개변수에서 각각 하나씩을 대응시킨 아홉 개의 짝을 두 개의 종속변수에 대해 독립적으로 회귀분석했기 때문에 18번의 회귀분석에서 총 36개의 회귀계수가 도출되었다. 여기서 도출된 독립변수의 회귀계수 18개와 매개변수의 회귀계수 18개를 각각 '3단계 독립' 행과 '3단계 매개' 행에 기록했다.

배런과 케니(Baron & Kenny, 1986)에 따르면, 매개회귀분석의 가설이 채택되기 위해 첫 단계에서 독립변수가 매개변수에 대해 그리고 둘째 단계에서 독립변수가 종속변수에 대해, 세 번째 단계에서 매개변수가 종속변수에 유의한 관계에 있다는 전제 조건이 성립해야 한다. 이러한 일련의 조건을 회귀식과 조건으로 표현하면 <표 6-1>과 같이 요약된다.

이러한 전제 조건이 충족될 경우 세 번째 단계의 독립변수의 효과가 둘째 단계의 독립변수의 효과보다 적으면 매개 관계가 성립한다. 여기서 도출된 두 번째와 세 번째 단계 독립변수의 차이를 "$\beta_2-\beta_3$" 행에 기록했다. 그런데 그 차이가 통계적으로 유의한

〈표 6-1〉 분석 단계별 회귀식과 매개회귀 충족의 전제 조건

단계	회귀식	전제 조건
1단계	$X_2=\alpha_1+\beta_1X_1+\mu_1$	독립변수(X_1)가 매개변수(X_2)에 통계적으로 유의한 영향을 미쳐야 한다. 즉, β_1이 통계적으로 유의해야 한다.
2단계	$Y=\alpha_2+\beta_2X_1+\mu_2$	독립변수(X_1)가 종속변수(Y)에 통계적으로 유의한 영향을 미쳐야 한다. 즉, β_2가 통계적으로 유의해야 한다.
3단계	$Y=\alpha_3+\beta_3X_1+\beta_4X_2+\mu_3$	매개변수(X_2)가 종속변수(Y)에 통계적으로 유의한 영향을 미쳐야 한다. 즉, β_4가 통계적으로 유의해야 한다.

주: X_1는 독립변수, X_2는 매개변수, Y는 종속변수, β는 표준화 회귀계수, α는 상수, μ는 오차항

자료: Baron & Kenny(1986).

차이인지를 판명하기가 어렵다는 점이 문제가 된다. 따라서 이 연구는 둘째 단계의 계수와 셋째 단계의 계수가 통계적으로 0과 차이가 나는 것인지를 또 다른 회귀분석을 통해 확인했다. 차이를 확인하는 방법은 송경수 외(1999)의 연구에서 제시된 바와 같이 다음의 회귀식을 통해 검증할 수 있다.

$$(Y - \beta_3 X_1) = \alpha_4 + \beta_* X_1 + \mu_4,$$

β_*는 [2단계 독립변수의 계수(β_2) - 3단계 독립변수의 계수(β_3)], β_3는 3단계 독립변수의 회귀계수, 그리고 μ_4는 오차항

이 모형에서 $\beta *$가 통계적으로 유의하면 2단계와 3단계에서 독립변수의 회귀계수는 통계적으로 유의한 차이가 있는 것이다. 이 모든 조건이 충족되어야 앞에서 제시한 이 연구의 가설이 채택된다.[12)]

그리고 매개회귀분석 기법을 이용하기 위해서는 다음의 두 가지 전제 조건이 충족되어야 한다. 첫째, 매개변수가 측정 오류를 갖지 말아야 할 것이며, 둘째, 종속변수가 매개변수에 영향을 미치지 말아야 한다.[13)]

첫 번째 조건에 대해 이 연구는 측정 오류를 줄이기 위해 클러스터의 학습과 혁신에 대해 매우 정통한 지식을 갖고 있는 실무 담당자들만 조사 대상에 포함시켰다. 그뿐만 아니라 설문 도구에

---

12) 회귀분석의 속성상 통계적으로 유의한 새로운 변수가 추가되면 기존의 독립변수의 계수의 크기가 줄어드는 것은 당연한 것으로 여겨질 수 있다. 그러나 매개회귀분석의 의미는 새롭게 추가되는 매개변수가 통계적으로 유의한가, 유의하다면 얼마나 유의한 것인가를 판단하는 것이므로 회귀계수의 크기가 줄어드는 정도를 판단하는 것이 중요하다.

13) 만일 이 가정이 충족되지 못할 경우에 대해 배런과 케니(Baron & Kenny, 1986)는 구조방정식 모형을 활용하는 것이 더 적절하다고 주장한다.

대한 철저한 예비조사를 실행했고 조사의 경험이 많은 클러스터 유관 기관의 충분한 자문도 거쳤다. 이와 같은 설문 도구 작성 과정뿐만 아니라 기존 연구에서도 이 연구에서 활용하고 있는 측정 수단이 측정 오류를 유발했다는 보고가 없다.

두 번째 가정과 연관하여 기존의 문헌분석에 따르면 종속변수인 혁신과 학습 효과를 통해 전략적 제휴나 사회적 관계가 형성·발전된다는 연구도 존재하지 않는다. 오로지 혁신 역량은 제휴와 사회적 관계를 통해 형성된다는 연구가 지속적으로 출간되고 있을 뿐이다(Nahapiet & Ghoshal, 1998). 전통적으로 혁신과 학습의 정도는 대표적인 성과지표로서 많은 연구에서 종속변수로 활용되고 있다. 즉 두 번째 조건도 이론적·실무적으로 충족된다.

제 4 절 원주 의료기기 클러스터의 학습, 혁신과 영향 요인 분석 결과

가설을 검증하기에 앞서서 연구에서 이용된 변수들 간의 상관관계를 살펴보았다. <표 6-2>에서 볼 수 있는 바와 같이 전략적 제휴 변수와 사회적 자본 변수가 모두 종속변수와 유의한 상관관계를 나타내고 있는 것은 이 연구의 모형을 뒷받침하는 것으로 풀이된다. 독립변수 간 상관 계수의 크기의 최대값은 0.560으로 지나치게 높지 않고 회귀분석 결과로 도출된 R^2값도 최대값이 0.464로 지나치게 높지 않다. 그리고 독립변수가 모두 통계적으로 유의미하며 분산팽창 요인(Variance Inflating Factor: VIF)의 통계치도 6을 넘지 않기 때문에 통계적 지표상으로는 변수 간의 다

〈표 6-2〉 변수들의 기초 통계와 상관 계수

변 수	평균	SD	1	2	3	4	5	6	7	8
1. 기업 간 협력	3.075	.079	1							
2. 연구 협력	3.650	.901	.410*	1						
3. 민관 협력	3.212	.867	.540*	.420*	1					
4. 신뢰	3.200	.818	.522*	.319*	.546*	1				
6. 목표의 공유	3.438	.912	.445*	.450*	.409*	.560*	1			
5. 문화의 공유	3.450	.634	.310*	.235	.376*	.508*	.399*	1		
7. 학습	3.175	.952	.520*	.456*	.415*	.540*	.371*	.538*	1	
8. 혁신	3.588	.867	.396*	.655*	.371*	.386*	.319*	.439*	.687*	1

* $p<.01$

공선성은 문제가 되지 않는 것으로 판단된다.[14)]

가설의 검증은 각 변수에 대한 측정치를 이용한 회귀분석에 의해 이루어졌다. 1단계로 사회적 자본을 각각 전략적 제휴의 3개 특성별 변수에 대해 회귀분석한 결과, <표 6-3>의 상단에 나타난 바와 같이 모든 전략적 제휴 변수들은 95% 신뢰구간에서 유의미했다. 또한 2단계로 종속변수인 혁신과 학습을 3개 전략적 제휴변수에 대해 회귀분석했다.

그 결과 모든 전략적 제휴의 회귀계수가 99% 신뢰구간에서 유의미하게 나타났다. 그리고 3단계로 종속변수를 매개변수인 사회적 자본 변수와 전략적 제휴 변수에 대해 동시에 회귀분석했다. 그 결과로 2단계에서 모두 유의미하게 나타난 매개변수 중에서 1개의 매개변수를 제외한 모든 매개변수가 3단계에서도 유의하게

14) 계량분석에 관한 기본서에 따르면 회귀분석에서 R^2값이 지나치게 높은데 독립변수의 t 통계량이 무의미하거나, 독립변수 사이의 상관계수가 0.8을 넘거나 VIF 통계치가 10을 상회하면 심각한 다중공선성의 위험이 있다고 명시하고 있다(Kennedy, 1997; Gujarati, 1995).

〈표 6-3〉 혁신 역량에 대한 매개회귀분석 결과

종속변수 / 매개변수 (사회자본) / 독립변수 (전략적 제휴)	학습			혁신		
	목표의 공유	문화의 공유	신뢰	목표의 공유	문화의 공유	신뢰
기업 간 연계						
1단계(β_1)	.445***	.310*	.622***	.445***	.310*	.622***
2단계(β_2)	.520***	.520***	.520***	.396***	.396***	.396***
3단계 독립(β_3)	.350**	.448***	.300*	.250*	.329**	.254
3단계 매개(β_4)	.382***	.232**	.354**	.328**	.217*	.268*
R^2	.387	.319	.347	.243	.199	.188
F	4.351***	8.032***	0.453***	2.365***	9.579***	8.943***
$\beta_2 - \beta_3$	.170***	.072**	.220***	.146**	.067*	.142**
연구개발 협력 관계						
1단계(β_1)	.450***	.235*	.319**	.450***	.235*	.319**
2단계(β_2)	.456***	.456***	.456***	.655***	.655***	.655***
3단계 독립(β_3)	.268	.390***	.316**	.574***	.614***	.592***
3단계 매개(β_4)	.417***	.279***	.439***	.181[a)]	.175*	.197*
R^2	.347	.282	.381	.455	.458	.464
F	1.753***	5.097***	3.715***	2.174***	2.529***	3.305***
$\beta_2 - \beta_3$	.188***	.066*	.140***	.081*	.041*	.063*
민관 협력 관계						
1단계(β_1)	.409***	.376**	.546***	.409***	.376**	.546***
2단계(β_2)	.415***	.415***	.415***	.371**	.371**	.371**
3단계 독립(β_3)	.234*	.320**	.170	.229*	.272*	.228
3단계 매개(β_4)	.442***	.251*	.447***	.345**	.239*	.261*
R^2	.335	.226	.312	.217	.153	.164
F	19.371***	1.227***	17.467***	11.942***	8.156**	.753***
$\beta_2 - \beta_3$	.181***	.095**	.245***	.142**	.099*	.146**

a) $p < .10$ 에서만 유의함.

$^{*}p < .05$, $^{**}p < .01$, $^{***}p < .001$

주 1: 1단계는 종속변수를 제외한 매개변수에 대한 독립변수의 회귀분석 결과임. 2단계는 매개변수를 배제한 종속변수에 대한 독립변수의 회귀분석 결과이므로 2단계 β는 각 독립변수에 대해 같은 값임. R^2값, F값은 3단계 회계식의 결과임. β_2-β_3의 값은 2단계 독립변수의 회귀계수와 3단계 독립변수의 회귀계수 간의 차이가 나타내는 통계적 유의도를 검증하기 위한 회귀식의 결과임.

주 2: 굵은 선으로 표시된 셀의 결과는 사회적 자본의 완전 매개 효과를 나타내며 음영으로 표시된 셀의 결과는 매개 효과가 없음을 나타냄.

나타났다.[15] 또한 전략적 제휴 영역에서 전체 18개의 관계에서 9개의 회귀계수가 99%에서, 그리고 5개가 95%에서 유의하게 나타났다.

중요한 것은 전략적 제휴 영역에서 효과 정도의 단계별 차이인데, 모든 경우에서 2단계에서의 회귀계수 값이 3단계에서의 값보다 더 크고 그 차이는 통계적으로 유의미한 것으로 나타났다. 따라서 전략적 제휴와 사회적 자본, 그리고 학습과 혁신 간의 관계에서 95%의 신뢰구간에서 9개의 관계 중 8개의 경우가 전략적 제휴를 사회적 자본이 매개하는 것으로 판단된다. 그리고 예외적으로 "연구개발 협력 관계-목표의 공유" 1개의 관계에서 사회적 자본이 전략적 제휴를 매개하지 않는 것으로 나타났으나, 신뢰구간을 90%로 설정하면 나머지 1개에 대해서도 부분 매개의 효과가 있는 것으로 판정할 수 있다.

신뢰의 변수는 매개변수로 설정되는 경우 3개의 관계에서 완전매개 역할을 하는, 즉 전략적 제휴가 사회적 자본을 거쳐야만 학습과 혁신에 영향을 미치는 것으로 나타났다. 그 밖의 사회적 자본은 가설에서 설정된 바와 같이 부분 매개의 역할을 하고 있다.

<표 6-3>의 결과는 문헌분석에서 도출된 가설 1, 2, 3은 대체로 채택된 결과를 보여 준다. 사회적 자본과 전략적 제휴 영역의 변수는 학습과 혁신에 직접적이고 긍정적인 영향을 주는 것으로 판명된 것이다. 그리고 사회적 자본 변수는 전략적 제휴 변수를 대체로 매개하는 것으로 나타났다. 그러나 가설 2와 가설 3의 채택 혹은 기각 여부를 좀더 엄밀하게 살펴보기 위해 <표 6-3>에 대한 주도면밀한 검토가 필요하다. 매개회귀 분석의 결과를 상세

15) <표 6-3>이 나타내는 바와 같이 유의하지 않은 것으로 나타난 매개변수도 신뢰구간을 90%로 설정하면 유의한 것으로 확인된다. 그러나 통계적으로 엄밀한 검토와 심층적인 해석을 위해 일단 이 연구에서는 신뢰구간을 95%, 99%로 설정하여 해당 변수는 유의하지 않은 것으로 처리했다.

〈표 6-4〉 단계별 매개 충족의 조건

전략적 제휴 (독립변수)	학습(종속변수)												혁신(종속변수)											
	목표 공유의 매개 조건				문화 공유의 매개 조건				신뢰의 매개 조건				목표 공유의 매개 조건				문화 공유의 매개 조건				신뢰의 매개 조건			
	1	2	3	4	1	2	3	4	1	2	3	4	1	2	3	4	1	2	3	4	1	2	3	4
기업 간 연계																								
1단계	○				○				○				○				○				○			
2단계		○				○				○				○				○				○		
3단계(독립)			○				○				○				○				○				×	
3단계(매개)				○				○				○				○				○				○
매개 효과	부분				부분				부분				부분				부분				완전			
연구개발 협력																								
1단계	○				○				○				○				○				○			
2단계		○				○				○				○				○				○		
3단계(독립)			○				○				○				○				○				○	
3단계(매개)				○				○				○				×				○				○
매개 효과	부분				부분				부분				기각				부분				부분			
민관 협력 관계																								
1단계	○				○				○				○				○				○			
2단계		○				○				○				○				○				○		
3단계(독립)			○				○				×				○				○				×	
3단계(매개)				○				○				○				○				○				○
매개 효과	부분				부분				완전				부분				부분				완전			

주: ○은 단계별 회귀분석에서 통계적으로 유의한 결과를, ×는 통계적으로 유의하지 않은 결과를 나타냄. 단, 3단계(독립)은 2단계보다 3단계 회귀계수가 작고 그 차이가 유의한 경우 ○으로 표시.

히 검토하기 위해 <표 6-4>를 활용할 수 있다.

<표 6-4>의 결과에 따른 가설의 채택 기각 여부는 <표 6-5>와 같이 정리할 수 있다. 사회적 자본 영역 가운데 인지적 영역에 속하는 목표의 공유와 문화의 공유는 가설 설정과 같이 전략적 제휴의 세 가지 하위 변수들을 대체로 부분 매개하는 것으로 판명되었다. 그리고 같은 사회적 자본 영역 가운데 관계적 영역에

속하는 신뢰의 변수는 6개의 매개회귀분석 가운데 3개에서는 부분 매개하는 효과가 있으나, 나머지 3개의 분석에서는 완전 매개하는 결과를 나타내었다. 즉 사회적 자본 영역 가운데 신뢰의 영향력은 매우 강하다는 사실을 입증한다. 특히 혁신에 대해서는 연구기관과의 협력을 제외한 전략적 제휴는 신뢰를 통해서만 긍정적인 영향을 미칠 수 있다는 사실을 의미한다. 또 다른 흥미있는 결과는 전략적 제휴 변수인 연구개발 협력 관계 변수가 사회적 자본 변수인 목표 공유의 효과를 세 번째 단계에서 압도한다는 것이다. 따라서 연구개발을 위한 협력의 효과가 혁신에 중요한 영향을 주는 것을 확인할 수 있다. 그러므로 가설 2b는 채택할 수 있다.

그러나 목표 공유 변수는 이 연구의 가설과 반대로 연구 협력이라는 변수의 완전 매개를 거쳐서 혁신에 영향을 주는 것으로 보인다. 그러므로 가설 1a는 기각하는 것이 합당하다. 따라서 신

〈표 6-5〉 가설 검증 결과의 요약

사회자본 (매개)	전략적 제휴 (독립)	가설 1		가설 2		가설 3	
		가설 번호	검증 결과	가설 번호	검증 결과	가설 번호	검증 결과
목표 공유	기 업 간	1a	A	2a	A	3a	A
	연구협력	1a	R	2b	A	3b	R
	민관협력	1a	A	2c	A	3c	A
문화 공유	기 업 간	1b	A	2a	A	3a	A
	연구협력	1b	A	2b	A	3b	A
	민관협력	1b	A	2c	A	3c	A
신 뢰	기 업 간	1c	A	2a	R	3a	A
	연구협력	1c	A	2b	A	3b	A
	민관협력	1c	A	2c	R	3c	A

주: 가설검증 결과에서 A는 채택, R은 기각을 나타냄.

뢰의 매개가 있는 경우 가설 2a, 2c가 기각되고, 목표 공유는 연구 협력이 독립변수로 설정될 경우에만 영향력을 상실하므로 가설 1a, 3b가 기각되는 경우를 제외하면 모든 가설은 채택된다.

제 5 절 원주 의료기기 클러스터의 학습, 혁신과 영향 요인 분석의 의미

1 혁신과 학습에 중요한 사회적 관계

조사 결과는 세 가지 중요한 의미를 제공한다. 첫 번째 의미는 사회적 자본은 혁신과 학습에 영향을 주는 중요한 매개변수로 기능한다는 점이다. 두 번째 의미는 혁신에 관한 한 신뢰가 결정적인 영향을 준다는 사실이다. 세 번째 의미는 전략적 제휴 중에서 연구개발을 위한 협력이 중요하다는 점이다.

1) 사회적 자본의 중요성

가설에서 제시된 바와 같이 사회적 자본이 클러스터 내의 학습과 혁신에 중요하고 특히 신뢰가 매우 중요한 역할을 한다는 결과를 확인했다. 사회적 자본 영역에 속한 목표의 공유, 문화의 공유, 그리고 신뢰는 모두 전략적 제휴와 학습·혁신을 매개하는 경향을 보였다. 이러한 결과는 이 연구의 면접 대상자와의 면접 결과에 의해서도 확인된 사실이다.[16)]

---

16) 이러한 결과는 면접 대상자 A의 "클러스터 사업의 참여자들이 지속적으로 참여하지 않으면서 본인들에게 적합한 사업이 있을 때만 참여하려 하고 전

구성원들 사이의 관계의 깊이를 측정하는 신뢰는 혁신에 대해 전략적 제휴 변수들을 완전 매개할 정도로 중요한 역할을 하는 것으로 나타났다. 클러스터에서의 혁신은 구성원들이 클러스터가 지향하는 가치를 공감하고 공동체를 학습의 장으로 이해할 때 본격화되는 것이다. 따라서 클러스터의 구성원이 자기 주도적인 혁신 활동을 수행하기 위해 관련 기관과의 개방적 의사소통, 성공과 실패로부터 학습할 수 있는 기회, 그리고 정보와 지식의 지속적인 공유를 통해 신뢰가 구축되어야 혁신이 가능하다.

2) 전략적 제휴의 중요성

조사 결과에 따르면, 클러스터의 학습과 혁신을 유발하는 데 전략적 제휴도 매우 중요한 변수로 기능하는 것으로 밝혀졌다. 특히 원주시 클러스터의 제휴 관계 중에서 기업 간 협력체보다 연구개발 협력체의 역할이 더 중요한 것으로 판명된 것에 대해 추가적인 설명이 필요하다. 원주시 혁신 클러스터의 태동 과정부터 현재에 이르기까지 산·관·학 네트워크 가운데 가장 주도적인 역할을 수행한 기관이 대학과 연구기관이며, 정부는 재정지원자의 역할을 수행해 왔다(원주시, 2004).[17] 따라서 클러스터의 참여자들은 현재 가장 주도적인 역할을 수행하고 있는 대학을 통해서 학습과 혁

체 과정의 설계나 기획·집행 등에서 전반적으로 무관심한 것이 아쉬워"(2005년 3월 22일)라는 설명과 일맥 상통한다. 이러한 진술은 클러스터의 성공을 위해서 클러스터의 목표와 방향에 대한 공감이 중요하고 합의 도출 과정에서 축적되는 신뢰를 발전시키는 것이 아쉽다는 견해로 해석할 수 있다.

17) 면접 대상자 A는 "다른 지역 클러스터의 경우 최고책임자의 자리를 두고 경쟁과 갈등이 치열했지만, 원주의 경우 특수한 배경이 있기 때문에 대학에서 그 역할을 가져가는 것에 대해 이견이 없었습니다"라고 진술한 바 있다(2005년 3월 22일). 이는 원주 의료기기 클러스터의 경우 중앙정부와 클러스터의 다른 참여 주체도 대학의 주도적인 역할을 인정하고 있다는 사실을 입증하는 것이다.

신 등의 변화가 발생한다는 사실을 인지하고 있다. 반면 기업 간 연계 변수와 민관 협력의 중요도가 상대적으로 낮은 것은 현재 원주 의료기기 혁신 클러스터에서 기업 간 연계와 민관 협력은 비교적 부족하다는 사실을 반증한다.

2 연구의 이론적 · 정책적 함의

1) 이론적 함의: 클러스터 연구에서 사회구성적 분석의 중요성

이 장의 분석 결과는 이론적인 측면에서 다음과 같은 시사점을 갖는다.

첫째, 클러스터의 경쟁력에 관한 연구에서 사회적 분석이 매우 중요하다는 사실이다. 주지되듯이 한국의 클러스터가 그 성과를 높이는 데 지리적 인접성과 산업 연관 효과가 매우 중요한 요인이었다. 특히 21세기의 지식정보화 경제에 대응하기 위한 혁신 클러스터에서는 그러한 기반구조에 추가적인 요인이 결합될 때 학습과 혁신을 확산시킬 수 있다(원주 의료기기 테크노밸리, 2005). 그간 한국의 혁신 클러스터에 대해 기관들 사이의 제휴 관계의 형성(기영석, 2004) 또는 클러스터 구성원들이 공유하는 사회적 자본 등이 혁신과 학습에 매우 중요한 변수(한성안, 2004)라는 의견이 제시된 바 있다. 이 연구는 그러한 의견을 실증적으로 재확인했다는 의미가 있다.

둘째, 분석을 통해 사회적 자본이 다양한 전략적 제휴변수들을 매개하는 중요도가 높은 변수라는 나하피트와 고샬(Nahapiet & Ghoshal, 1998) 그리고 다스와 텡(Das & Teng, 1998)의 연구 결과를 지지하는 결과를 얻었다. 해외의 연구 결과를 기반으로 학습과 혁신에 대한 사회적 자본과 전략적 제휴의 매개 관계를 한국적 맥락에서 이론화시키고 실증적 분석을 수행했다는 의미도 찾을 수 있다. 그런 의미에서 한국의 경우 공공기관이 클러스터의 발전에 중요한 기능을 수행하므로 행정학의 영역에서 클러스터의 사회적 구조와 정부의 역할을 적절하게 검토할 필요성이 있다.

셋째, 클러스터의 사회적 자본 가운데 신뢰 관계의 중요성이 부각되었다는 점이 이론적으로도 중요하다. 기업 간의 혁신과 학습에서 신뢰의 중요성에 대한 지적은 이미 사이와 고샬(Tsai & Ghoshal, 1998)의 연구에서 입증된 바 있으나 원주시 의료기기 클러스터에서도 같은 사실이 입증되었다. 이러한 사실은 한국과 같이 경제 발전을 국가가 주도한다는 전통적인 개발 패러다임에서 자율적이고 독자적인 지역 발전 패러다임으로 이행하는 국가에서 구성원 간의 신뢰가 두 패러다임을 연계하는 가치가 된다는 점을 입증한다. 그런 의미에서 향후 신뢰의 다양한 차원과 국가 및 지역 발전의 기초로서 신뢰가 갖는 의미에 대한 분석은 지역 발전에 중요한 이론적 토대가 될 것이다.

2) 정책적 함의: 산 · 관 · 학의 균형적 발전과 신뢰 구축을 통한 혁신

분석의 결과를 통해 원주시 혁신 클러스터가 발전하는 과정에 중요한 교훈을 준다. 혁신을 위해 사회적 자본의 형성이 중요할 뿐만 아니라 산 · 관 · 학 각 행위자의 균형적 발전이 필요하다는 점이다. 조사 결과에서도 원주시 클러스터의 제휴 관계 중에서 연구개발 네트워크의 파급 효과가 크다는 사실이 확인되었다. 그러나 규범적인 차원에서 바람직한 클러스터는 각 행위자가 맡은 기능을 적절한 균형 관계 속에서 수행하는 것이다. 이에 대해 렝닉홀과 렝닉홀(Lengnick-Hall & Lengnick-Hall, 2002)은 학습과 혁신의 효과를 극대화하기 위해 인적 자원 관리자(human capital steward), 지식 조성자(knowledge facilitator), 관계 형성자(relationship builder), 그리고 급속한 변화 관리자(rapid deployment specialist)의 등의 역할이 필요하다고 주장한다. 이러한 역할 중에서 지식 조성에 관한 역할은 연구개발 협력체에서 수행한다고 할지라도 지방정부는 최소한 신뢰의 확대를 위한 관계 형성자와 인적 자원 관리자로서의 역할은 수행해야 할 것으로 본다. 이 설문조사와 면접조사의 결과에 따르면 이와 같은 정부의 조정 역할이 부족한 실정이다(면접 대상자 B, 2005년 5월 22일). 그리고 기업 간의 연계도 여전히 부족하기 때문에 클러스터의 발전 과정에서 현재 의료기기 클러스터 추진단이 실시하고 있는 기업 간 미니클러스터의 조성은 좋은 발전 방향이 될 것이다(면접 대상자 A, 2005년 3월 22일). 연구 결과에 따르면 향후 미니 클러스터의 기능은 기업 간의 공식적인 연계뿐만 아니라 비공식적인 연계와 신뢰를 증진할 수 있는 방안까지 확보할 수 있도록 설계되어야 바람직한 혁신과 학습을 유발할 수 있을 것이다.

제6절 원주 의료기기 클러스터의 학습과 혁신에 대한 연구의 향후 과제

여기서는 한국의 클러스터가 발전 주의적 국가가 소여(所與)한 문화적 제도의 유산으로 인해 자율적인 혁신 능력이 부족할 것으로 예상되는 혁신 클러스터의 사회적·문화적 특성을 밝히는 데 연구의 초점을 맞추었다. 문헌분석에서 클러스터의 설립 동기와 핵심 요소를 지적했으며, 혁신 클러스터의 학습과 혁신에 영향을 주는 주요 변수들을 추출했다. 실증분석 결과 문헌분석에서 가정한대로 전략적 제휴는 학습과 혁신에 직·간접적인 영향을 주는 것으로 판명되었다. 그리고 사회적 자본변수는 전략적 제휴를 매개하면서 학습과 혁신에 긍정적인 영향을 주는 것으로 밝혀졌다. 이 과정에서 전략적 제휴 영역에서는 연구개발 협력체가, 사회적 자본 영역에서는 신뢰가 상대적으로 중요한 변수라는 점도 밝혀졌다. 연구개발을 위한 협력체가 중요한 것은 대학이 의료기기 클러스터의 리더십을 주도했던 원주 의료기기 클러스터의 구조적 특성이 반영된 것으로 판단된다. 그리고 신뢰가 중요한 것은 클러스터의 혁신은 믿을 수 있는 유관 기관의 교류가 전제되어야만 가능하다는 진리를 반영하는 것이다.

이러한 분석 결과를 토대로 향후 클러스터 연구의 몇 가지 과제를 찾을 수 있다.

첫째, 이 연구에서는 연구 대상을 원주 지역에 조성된 의료기기 클러스터에 국한했으나, 향후 조사 지역과 조직 유형을 확대하여 일반성을 높일 필요가 있다. 즉 현재 전국적으로 조성되고 있는 6개 클러스터로 연구 범위를 넓히고 연구에 포함되는 조직의 유형도 산·학·관 이외의 기관들로 확대할 필요가 있다.

둘째, 연구의 범위와 표본의 크기가 확대되면 좀더 엄밀한 구조방정식 모형의 추론이 가능할 것으로 판단된다. 구조방정식 모형을 활용할 경우에 독립·매개·종속 변수 사이의 관계를 더 포괄적으로 검토하여 완결된 경로모형을 도출할 수 있다는 장점이 있다. 이러한 목표를 달성하기 위해 연구 대상의 확대를 통한 표본의 확대가 절실하다.

셋째, 개별 변수의 측정 방법에서도 구성원의 인식에 기초한 자료를 사용했기 때문에 자기보고(self-reporting)에 의한 공통방법 변량과 관련된 문제가 남아 있다. 따라서 혁신과 학습 등의 변수에 대해 복수의 집단에서 얻은 자료를 사용하거나 객관적 자료를 사용하면 좀더 의미 있는 결론을 도출할 수 있을 것이다.

제 7 장 결 론

제 1 절 연구 결과의 요약

이 책은 원주 의료기기 클러스터의 형성과 발전에 대한 이론과 현실을 고찰하기 위해 현실적 상황, 이론적 배경, 그리고 쟁점별 분석으로 구분하여 접근했다. 단 이론적 배경을 시작하기 전에 지식기반 사회에서 지역혁신 클러스터가 중요한 이유와 기본 개념, 그리고 국가경쟁력에서 지역의 중요성에 대한 설명으로 논의를 시작했다.

이론적 배경은 1) 지역혁신 클러스터에서 거버넌스의 의미, 2) 학습공동체의 시각에서 본 지역혁신 클러스터, 3) 클러스터의 학습과 혁신 메커니즘의 순서로 구성했다. 먼저 지역혁신 클러스터에서 거버넌스 체계는 중요하다. 과거 한국의 지역산업은 국가가 주도하여 조성한 산업단지에 연관 기업과 연구 및 교육기관들이 입주하는 하향적 개발 방식에 의해 발전했다. 그러나 최근에는 참여자의 자발적인 참여와 신뢰 관계의 형성을 바탕으로 한 협력 네트워크가 더 중요한 요인으로 평가받고 있다. 따라서 한국의 중앙정부나 지방자치단체는 클러스터 참여자의 혁신 역량 강화를 위해 다양한 서비스를 조정하고 조절하는 역할을 수행하는 위치로 새롭게 자리매김할 필요가 있다는 사실을 이론적 배경의 첫 번째 절에서 강조했다.

그리고 이러한 협력의 네트워크는 학습공동체의 시각에서 조망하는 것이 바람직하다. 특히 한국의 클러스터에서는 그동안 발전하지 못했던 학습과 혁신을 위한 공동체를 형성하는 것이 중요하다는 사실을 지적했다. 학습공동체 개념을 설명하기 위해 학습에 대한 두 가지 관점 즉 행태주의적 관점과 구성주의적 관점을 설명하고 좀더 활발한 학습과 혁신에 바람직한 구성주의적 학습이 이루어지기 위한 공동체로서 샌들(M. J. Sandel)의 구성적 공동체 개념을 제시했다.

학습공동체로서 지역혁신 클러스터의 의미를 이론적으로 정리하고 학습공동체의 최종 성과인 학습과 혁신을 창조하기 위한 조건과 혁신이 발생하는 과정을 설명한다. 최근 클러스터의 혁신을 위해 참여자들 사이의 사회적 자본과 전략적 제휴가 중요한 것으로 지적된다. 이러한 요인이 어떤 경로를 거쳐서 클러스터의 혁신에 기여하는지를 이론적으로 제시하면서 이론적 논의를 마치고 혁신 클러스터에 대한 이론적 검토를 마쳤다.

현실적 상황은 원주 의료기기 클러스터의 형성과 발전 과정을 역사적으로 정리하여 클러스터의 발전 단계별로 중요한 행위자를 밝히고 참여자들 사이의 역학 관계가 변화하는 과정을 중심으로 규명했다.

원주 의료기기 클러스터는 1990년대 중반 이후 설립되어 최근에는 기술혁신을 통해 생산성을 획기적으로 높이는 혁신 주도형 성장전략에 의해 운영되는 혁신 클러스터를 지향한다(원주 의료기기 테크노밸리, 2005b). 일반적으로 혁신 클러스터의 기본 구조는 지식 생산기관, 지식 확산기관, 그리고 지식 소비기관으로 구성된다(OECD, 2001).

원주 의료기기 클러스터에는 일찍이 원주시에 입지한 대학교의 의용전자공학 전공을 중심으로 지식 생산기관이 형성되어 있었다. 그런데 지식 생산기관인 대학교에서 1998년 의료기기 창업보육센터를 설립·주관하면서 지식의 생산과 확산을 동시에 수행하기 시작한다. 그리고 2000년대 초반 기존의 연구기관을 기반으로 한 본격적인 지식 확산기관인 원주 의료기기 테크노밸리가 창립되었다(원주 의료기기 테크노밸리, 2005a). 그리고 연구기관에서 생산된 연구 성과와 기술 그리고 인력을 기업체에서 흡수하여 역동적 발전을 위한 선순환 구조를 형성하기 위해 원주시 일원에 지식 소비기관인 의료기기 제조 기업이 입주하는 의료기기 전용공단 세 곳이 조성되었다.

원주 의료기기 클러스터 참여자들 간의 상호작용에서 두드러진 특징은 지식 생산기관인 대학교를 중심으로 그 리더십이 형성되고 있다는 것이다. 실제로 원주의 경우 혁신 클러스터의 조성과 추진에 대한 모든 과정에 연구기관이 폭넓게 개입하면서 지방자치단체와 기업체가 동참하는 구조가 형성되어 있다. 이러한 구조가 형성된 역사를 정리하고 효과적인 성과를 낳는 원인을 밝히는 역사적 분석은 향후 한국의 클러스터 발전을 위한 중요한 교훈을 줄 것으로 판단된다.

이론적 배경과 현실적 상황에 대한 고찰이 종료된 후 원주 의료기기 클러스터에서 중요한 쟁점인 1) 클러스터의 사회적 구조, 2) 인접성과 그 효과, 그리고 3) 사회적 자본과 전략적 제휴가 혁신과 학습에 미치는 영향을 참여자의 인식을 중심으로 분석했다. 먼저 클러스터의 사회적 구조에 대한 참여자의 인식과 집단별 차이에 대한 분석을 시도했다. 이 연구의 주된 목적이 혁신 클러스터의 학습과 혁신이 형성되는 과정을 조명하는 것이라고 할 때 클러스터의 참여자들이 학습공동체로서 클러스터의 사회적 구조를 어떻게 인식하고 있는지 분석하는 것이 매우 중요하다.

첫 번째 쟁점은 바로 이러한 클러스터의 학습과 혁신을 유발하는 사회적 구조에 대한 참여자의 인식과 참여자 유형별로 나타나는 인식의 차이에 대한 실증적인 검토가 포함되었다.

두 번째 쟁점으로 클러스터의 핵심 개념을 인접성으로 제시하고 그러한 인접성이 클러스터의 성과에 미치는 영향을 검토했다. 클러스터의 인접성은 지리적 인접성, 조직 간 인접성, 그리고 문화적 인접성을 포괄한다. 그리고 이러한 세 가지 인접성 요인은 비용 절감 효과, 혁신 효과 그리고 학습 효과에 긍정적인 영향을 미칠 것으로 가정하고, 각각의 인접성이 어떠한 효과에 직결되는지 분석했다.

세 번째 쟁점으로 최근 클러스터에서 중요한 요인으로 각종 문헌에서 제시되고 있는 사회적 자본과 전략적 제휴가 혁신과 학습에 미치는 경로를 분석했다. 이미 앞에서 클러스터의 다양한 인접성과 사회적 구조가 학습과 혁신에 영향을 미치는 것을 확인하지만 어떠한 경로를 통해 영향을 미치는지는 확인하지 못했다. 따라서 세 번째 쟁점 분석을 통해 사회적 자본과 전략적 제휴라는 중요한 요인이 학습과 혁신에 영향을 미치는 과정을 분석한 것이다.

이론적, 현실적, 실증적 분석이 종료된 후 결론에서 모든 분석 결과를 토대로 원주 의료기기 클러스터의 성과 요인과 향후 한국의 클러스터 발전을 위한 함의를 지적한다.

제 2 절 원주 의료기기 클러스터의 성과 요인[1)]

1 선행 연구에서의 성공 요인

클러스터의 성공 요인을 다루고 있는 기존 문헌들의 내용을 간략히 소개하고자 한다. 우선 혁신 클러스터를 확인하고 측정하는 방법은 대략 세 가지 방법이 있다고 한다(권영섭 외, 2005: 22). 분석 방법에 따라, 집적 상태 분석, 클러스터 분석, 성공 요인 추출을 통한 분석이 있는데, 이 절은 셋째의 성공 요인 분석과 유사하다. 첫째는 단순히 집적 상태를 분석하는 것이며, 둘째는 집적지 내부의 협력과 네트워킹의 정도를 분석하는 방법인데, 첫째는 여기에서 다루지 않고 있으며, 둘째는 제2장에서 부분적으로 서술했다.

포터(Porter, 1998)는 클러스터의 중요성을 일찍이 강조한 인물로서, 그의 주장에 따르면 클러스터의 형성 및 발전에는 투입 요소·수요 등의 기본적 입지 조건뿐만 아니라, 클러스터 내에 있는 시장·경쟁자·관련 산업 등 여러 혁신 주체들과의 상호 관계가 중요하다는 점을 강조하고 있다.

서정해(2000; 이정수, 2005: 31 재인용)는 성공적이라고 일컬어지는 산학 협력 사례를 분석하면서, 성공 요인으로 명확한 비전

---

1) 어떤 클러스터의 성공 여부를 판단하는 데는 오랜 시일이 필요하다. 원주 의료기기 클러스터의 역사는 이제 10년을 조금 넘고 있어서, 이 글에서는 성공 요인보다는 성과 요인이라는 표현을 사용한다. 다른 지역이나 다른 클러스터와 달리 성과를 낼 수 있었던 요인이라는 의미로 받아들여질 수 있다.

을 가진 리더의 존재, 계속적인 지원, 네트워크 확산, 신뢰에 기반을 둔 적극적 추진, 관계적 지식 공유를 통한 상호작용적 학습, 성공의 순환과 실패의 사회적 용인을 제시하고 있다.

오이나스와 말레키(Oinas & Malecki, 2002)는 클러스터의 성공은 지역 내 네트워크의 존재, 지역 내 학습문화의 존재, 사회구조 속에 기술혁신의 착근 여부, 혁신 주체들의 사회적 연결을 가능하게 하는 제도적 기관 또는 조직의 존재, 지역 내 유연한 혁신문화의 존재를 제시하고 있다(권영섭 외, 2005: 24).

권영섭 외(2005: 25)도 OECD 연구, 영국·캐나다·미국의 클러스터에 대한 연구 결과를 종합하면서, 혁신 클러스터의 성공을 위해서는, "높은 삶의 질, 기본적인 환경 조성(가용 토지와 물리적 인프라 등), 혁신 인프라(대학, 연구기관, 기술 기반 선도 기업, 서비스 지원기관 등), 사회적 자본(경쟁과 협력, 네트워킹, 제도, 문화 분위기 등)"이 구축될 필요가 있으며, 이들을 통해 "고급인력의 정착과 기업활동을 위한 기본 여건과 이들을 위한 고속 접근성 확보뿐 아니라 기업, 대학 연구개발 기관, 전문화된 서비스 또는 시설의 지리적 집적이 이루어질 필요가 있다. 혁신과 관련된 각종 공식·비공식 모임 등이 활발하게 이루어질 수 있는 시설, 조직, 제도적 환경 등도 구비되어 있어야 한다"고 지적한다.

황우익·박종화(2004)는 테크노파크의 성과를 테크노파크 목표 달성도, 벤처기업의 창출과 육성, 지역혁신 체제 구축의 거점 기능으로 측정했고, 이러한 성과에 혁신환경 요인(타 기업 혁신 모방 용이, 대학 등과의 산학 협력, 다른 기관과의 상호 학습, 최신 경영정보 획득, 서울 및 수도권 접근성, 다른 기업과의 상호 학습)이 큰 영향을 미치는 것으로 분석했다. 또한 테크노파크의 성과에 지방정부와의 협력 관계, 벤처기업과의 협력 관계가 큰 영향을 미치는 것으로 관찰했다.

이와같이 여러 문헌에서 클러스터 또는 테크노파크 또는 산학 협력의 성공 요인을 제시하고 있는데, 이러한 논의들은 혁신 클러스터의 성과 요인 내지는 발전 요인으로 원용할 수 있을 것으로 보인다. 일본 문부과학성 과학기술정책연구소(2003)는 구미 선진 각국의 사례에서 혁신 클러스터의 성공 촉진 요소 16가지를 추출했고, 이를 다시 형성 시기와 촉진 시기별로 구분하여 각 시기별 성공 정도를 평가할 수 있는 평가의 틀과 평가지표 및 평가기준을 제시하고 있다. 이는 원주 의료기기 산업의 성과 요인을 분석하는 데 유용한 지표로 활용될 수 있을 것으로 평가된다. <표 7-1>는 혁신 클러스터의 성공 요인을 요약해 주고 있다. 표의 우측에는 산업, 지역, 연구개발로 구분하여 이들 영역과 성공 요인들 간의 관련성 여부를 표시해 주고 있다.

<표 7-2>는 역시 일본 문부과학성의 자료로서 혁신 클러스터의 발전 단계별로 성공 요인이 상이하다는 전제하에 위의 <표 7-1>의 요인들을 단계별로 차별화하고 있다.

원주 의료기기 산업을 사례연구 대상으로 작성된 논문들이 나타나고 있는데, 이정수(2005)는 클러스터라기보다는 산학 협력에 초점을 두고, 특히 대학과 기업 양자 간의 산학 협력의 성공 요인을 원주 사례를 통해 실증적으로 찾아보고자 했다. 이 연구가 원주 의료기기 산업을 사례로 선정한 근거는 지역 내 대학·산업체·시정부가 모범적으로 산학 협력을 하고 있어 성공 요인 도출에 적절한 시스템으로 간주하고 있기 때문이다(이정수, 2005, 3). 이 연구의 경우 기업인만을 설문 응답 대상자로 했기 때문에 한계가 없지 않지만, 원주 의료기기 산업을 대상으로 한 실증적 연구가 많지 않은 상황에서 나름대로 의미 있는 연구로 평가된다.

이정수(2005)는 산학 협력에 초점을 두기는 했지만, 산·학의 협력 관계는 클러스터에서 참여 주체 간의 연계 및 협동적 상호협조를 강조하고 있는데, 이들의 성공 요인을 같은 맥락에서 참조할 수 있다고 본다. 이 연구는 산학 협력의 성공 요인을 파트너

〈표 7-1〉 구미 선진 사례에서 추출한 클러스터의 성공 요인

성공 요인		내 용	산업	지역	연구개발
1. 특정 지역	집적	1-1 핵심 지역은 30분 이내 접근 가능	●		●
	위기의식	1-2 지역으로서의 위기의식	●	●	
2. 특정 산업	선택과 집중	2-1 지역자산을 활용한 산업에 선택과 집중	●		●
	핵심 기업	2-2 초기에 핵이 되는 기업이 몇 개 존재	●	●	●
3. 연구개발	핵심 연구개발	3-1 핵심이 되는 세계 수준의 연구개발력이 있음.	●	●	●
	연계	3-2 산·학·관의 연계·결합	●		●
4. 벤처기업	벤처	4-1 벤처기업의 활력	●		
	대기업	4-2 벤처기업·대기업·대학 등과의 연계	●		
5. 지원·연계	지원	5-1 금융·경영·기술·제조 등 기업지원기관이 지역에 존재		●	●
	연계 기관	5-2 기업, 대학, 기업지원 업체를 연계하고 조정하는 기관 존재	●	●	●
6. 비전 제시자	비전 제시자	6-1 연구자를 유치하고 장래 지역 비전을 제시하고 실현시킬 인물	●	●	●
7. 다른 산업과의 융합	융합	7-1 그 지역 다른 클러스터와의 융합	●	●	
8. 글로벌 전개	경쟁력	8-1 글로벌로 인한 시장 확대, 혁신 촉진		●	●
9. IPO 실적	IPO	9-1 주식 공개에 의한 신뢰도 향상, 고성장	●		
10. 전국적 인지	이미지	10-1 클러스터 지명도 향상	●	●	●
11. 생활문화 수준	기후·풍토	11-1 세계적 인재의 유치		●	

자료: 文部科學省 科學技術政策硏究所(2003: 28-29); 권영섭 외(2005: 27)에서 재인용.

〈표 7-2〉 단계별 혁신 클러스터의 성공 요인

기반 조성기	형성기	성장 · 안정기
• 핵심 지역은 30분 이내 접근 • 지역으로서의 위기의식 지역의 문화, 제도, 풍토, 기풍 • 지역자원을 살린 산업의 선택과 집중 • 초기에 핵심이 되는 기업이 몇 개 존재 • 비전 제시자의 존재 • 세계적 인재의 유치, 생활 환경	• 핵심이 되는 세계 수준의 연구개발력이 있음. • 전문연구센터의 존재 • 산 · 학 · 관의 연계 · 결합 • 벤처기업의 활력, 높은 인재 유동성 • 벤처기업과 대기업, 대학 등과의 연계 • 연계 조정 기관의 존재 • 기업 지원기관의 존재 VC 인큐베이터	• 다른 클러스터와의 융합 • 클러스터 지명도의 향상 • 글로벌 전개에 의한 시장 확대 • IPO(주식 공개)에 의한 신뢰도 향상, 고성장

자료: 文部科學省 科學技術政策硏究所(2003: 83); 권영섭 외(2005: 29)에서 재인용.

십 관계 요인, 조직 특성 요인, 외부 요인의 세 범주로 나누어 고찰하고 있다.

그는 파트너십 관계 요인으로는 상호간 신뢰도, 갈등 수준, 의사소통 네트워크의 활성화 정도, 목표 및 역할 분담의 명확성을, 조직 특성 요인(주로 기업 측의 의견을 묻는 것이었음)으로는 최고경영층의 관심과 지원, 개발 의지 및 보유 기술, 산학 협력을 위한 기업 노력을, 그리고 외부 요인으로는 정부의 지원 및 혜택, 산학 협력 전담기구 구성을 고려했다.

원주 의료기기 관련 산업체에 종사하는 101명을 대상으로 실시한 설문조사 결과를 바탕으로 경험적 분석을 시도한 결과, 대학에 대한 신뢰(62.4%), 산학 협력에 대한 최고경영층의 관심(73.3%), 조직 차원에서 산학 협력의 중요성(69.3%), 산학 협력 전담기구의 필요성(58.4%), 연구개발의 중요성(56.4%) 등이 높게 나타났다.[2] 또한 이정수(2005)의 연구에서 회귀분석의 결과는, 최고경영층의 관심과 지원, 정부의 지원과 혜택의 두 요인만이 유의 수준 0.01에서, 그리고 기업-대학 간의 네트워크 형성은 유의 수준 0.05에서 산학 협력의 성과에 긍정적 영향을 미치는 것으로 나타났다.

2 원주 의료기기 산업 10년의 성과

1997년 원주시에서 전자 의료기기 산업을 지역 특화산업으로 추진했을 당시 원주권에서 의료기기 관련 자원은 거의 전무했다고 해도 과언이 아니다. 의료기기 관련 기업체는 원주권에서는 하나도 없었으며, 홍천에 (주)메디슨이 있는 정도였다. 원주에는 연세대학교에 의공학 전공과 의공학연구소 그리고 전공 교수 5명이 고작이었다.

그러나 지난 10여 년간 원주시와 지역 대학 및 입주 기업체들이 협력하여 의료기기 산업을 지역 발전 산업으로 육성하기 위해 혼신의 노력을 기울인 결과, 괄목할 만한 성과를 거두었으며, 지금도 여러 가지 내재적 한계와 어려움을 갖고 있지만 전국적으로 지역혁신의 우수 사례로 인정받고 국내외적으로 많은 관심과 벤치마킹의 대상이 되고 있는 것이 현실이다. 1997년 거의 무(無)에서 시작하여 그동안 원주 의료기기 산업이 이룩한 성과를 요약해 보면 다음과 같다.[3]

• 클러스터 참여 기업체 수 101개(2009. 3. 31 기준)

---

2) 여기서 %는 '매우 높음'과 '높음'의 응답 비율을 합친 것이다.

3) 원주단지혁신클러스터추진단. (2009). 원주산업단지 혁신클러스터사업에 관한 보고서(4차 연도 중간보고서) 등 참조.

- 의료기기 업체 생산 규모 2,912억 원(2008년 말 기준)
- 국내 의료기기 산업 총생산액 대비 원주 총생산액 9.1%(2007년 말 기준)
- 의료기기 업체 수출액 12,100만 달러(2008년 말 기준)
- 국내 의료기기 산업 총 수출액 대비 원주 총 수출액 14.5%(2007년 말 기준)
- 고용 창출 효과 1,455명(2008년 말 기준)
- 특허 출원 및 등록, 실용신안, 상표, 디자인 총 518건(2008. 12. 31. 기준)
- 국내 특허 출원 67건, 등록 145건, 합계 212건(2008. 12. 31. 기준)
- 의료기기, 강원도 수출 품목 1위
- 국비 450.8억 원, 지자체 317.4억 원, 민간 123.8억 원 재정 지원 확보(2006년 말 기준)
- 생산 공장(공단) 2개: 원주 의료기기 산업기술단지(태장), 첨단의료기기 산업단지(동화)
- 건물 신축 3개 동(첨단 의료기기 테크노타워, 한방의료기기 산업진흥센터, 첨단의료기기벤처센터)
- 도내 의료기기 관련 대학 전공 8개(연세대 의공학부, 상지대 한방의료공학과, 한라대 의료기계공학 전공, 강릉대 기계의용공학 전공, 강원대 기계의용공학과, 관동대 의료공학과, 송호대 보건의료기계과, 한국폴리텍Ⅲ대학 의용공학과)
- 입주기업 연구개발 투자비 591억 원(2008. 4.1~2009. 3.31)
- 기업 부설연구소 등록기업 30개(2009. 3. 31. 기준)
- 미니클러스터 네트워크 활동 396건(2008. 4.1~2009. 3.31)
- 제1회 지역혁신박람회 산업단지 분야 대통령상 수상(연세대)
- 지역산업진흥사업 전기전자반도체 분과 2005~2006년 연속 1등((재)원주 의료기기 테크노밸리)

- 첨단의료건강산업특구 대통령상 수상(원주시)
- 연간 내방자 62회, 1,018명 (2008. 4.1~2009. 3.31)
- 언론보도 269회(2008. 4.1~2009. 3.31)

이 밖에 계량적으로 표현할 수 없는 성과도 있으며 이러한 무형의 성과가 더 중요할 수도 있다. 원주 의료기기 산업은 원주시의 이미지를 군사도시에서 첨단 의료기기 도시로, 나아가서 건강도시(U-Health City)로 전환하는 데 성공했다고 볼 수 있다. 또한 의료기기 산업으로의 특화는 원주에 기업도시 및 혁신도시를 유치하는 데 직·간접적으로 기여했다. 이러한 도시의 이미지 전환을 통해, 밖에서 원주시를 보는 관점이 달라졌으며, 안에 살고 있는 원주 시민들은 지역에 대한 자긍심이 제고되었다.

3 원주 의료기기 클러스터의 성과 요인

여기서는 일본 문부과학성 과학기술정책연구소에서 클러스터의 성공 촉진 요소로서 추출한 16개 지표(<표 7-1> 참조)를 중심으로 원주 의료기기 클러스터의 성과 요인을 분석해 보고자 한다.

1) 집적 정도

원주 의료기기 클러스터의 지리적 집적 정도는 높은 것으로 평가된다. 연세대 원주 캠퍼스 내에 위치하고 있는 첨단 의료기기 테크노타워에 (재)원주 의료기기 테크노밸리와 혁신클러스터추진단이 입주해 있으면서, 종합지원센터로 구심적 위치를 차지하고 있다. 첨단 의료기기 테크노타워를 중심으로, 태장산업기술단지, 동화전용공단과 같은 생산시설이 30분 내에 위치하고 있으며, 원주시청·한라대·상지대와 같은 지방자치단체 및 연구·교육기관도 30분 이내의 거리에 위치하고 있다. 원주시는 인구 30만 명의 중간 규모 도시로서 산·학·연·관이 모두 30분 이내 접근 가능하게 입주해 있어서, 집적 정도가 낮음으로 인해 야기되는 문제를 전혀 겪고 있지 않다.

2) 지역의 위기 의식

원주시는 오랜 기간 군사도시·소비도시의 이미지를 갖고 있었다. 하지만 1990년대 지방자치 시대가 개막되면서, 지역 발전 및 지역경제 활성화의 계기가 필요했고, 지역 주민들 간에는 군사도시의 이미지를 벗어나는 것이 시급하다는 공감대가 어느 정도 형성되어 있었다. 군사도시가 주는 부정적 이미지 탈피, 대안적 지역 발전 모형을 찾지 못하는 데에서 오는 집단적 스트레스는 존재했다고 본다. 특히 민선 자치단체장 제도가 도입되면서, 4년마다 주기적으로 찾아오는 선거에서 어쩔 수 없이 단체장의 실적과 지역 발전의 변화 수준이 주민들로부터 평가를 받지 않을 수 없는 상황은 자치단체장들에게 큰 부담이 아닐 수 없었다. 원주 의료기기 클러스터가 출범할 때 당시 K시장도 지역혁신의 의지가 강했으며, 군사도시의 이미지를 벗어나자는 데 매우 단호했다. 이러한 요소들이 첨단 의료기기 산업 육성이라는 새로운 대안을 찾고 이에 승부를 걸 수밖에 없는 여건을 자치단체장과 지역 주민에게 만들어 주었다고 볼 수 있다.

3) 선택과 집중

원주시의 경우는 지역 특화산업을 육성하기 위해 다양한 대안을 비교하고 선택할 수 있는 입장에 있지는 않았다. 한지(韓紙)나 옻과 같은 지역특산물 중심의 특화 방안이 꾸준히 제시되었지만, 전통산업이 아닌 미래 지향적이며 부가가치가 높은 산업의 필요성에 대한 욕구는 컸다. 마침 지역 내 연세대학교 원주캠퍼스에 의용공학 전공이 있었고, 산업자원부 등 중앙공무원들로부터 의용공학 전공과 연계한 지역 특화산업 발전 방안을 모색할 것을 독려하는 의견도 있어서 의료기기 산업에 관심을 갖게 되었다. 의료기기 산업은 충분한 지역 자산이 있는 상태에서 시작된 것은 아니었다. 의료기기 산업의 관점에서 볼 때, 관련 기업체는 지역에 단 하나도 존재하지 않았으며 단지 연세대의 의용공학 전공과 의공학연구소, 그리고 교수들이 갖고 있던 원천 기술이 고작이었다. 그러나 의료기기 산업 자체가 많은 초기 투자 없이도 가능하다는 장점을 지녀서 지역 차원에서는 부담이 적었다. 일단 연세대에서 1990년대 후반 및 2000년대 초반에 과학기술부 · 산업자원부 · 보건복지부 · 중소기업청 · 교육인적자원부와 같은 중앙부처의 지역균형 발전 차원에서의 각종 지원을 확보함으로써 의료기기 산업에 초점이 맞춰졌고, 원주시에서 창업보육센터와 생산시설을 발빠르게 설립하며 산업 인프라 구축에 아낌없이 투자함으로써 의료기기 산업으로 집중되었다.

4) 핵심 기업

초기에 핵심 기업의 존재 여부는 중요한 성과 요인이다. 원주 의료기기 산업에는 외부에서 입주해 온 대기업은 아직 없다. 하지만 (주)메디아나처럼 지역 내 대학의 졸업생이, 지역에서 마련해 준 창업보육센터에 입주하여, 지도교수의 원천 기술을 바탕으로 제품을 개발하고, 지역의 생산 공장에서 제품을 만들어, 세계일류 상품으로까지 선정되는 성과를 올리고, 2006년에는 1,700만 달러 수출을 달성한 사례는 원주 의료기기 산업에서 귀감이 되고 있다. 원천 기술 · 제품 개발 · 제품 생산 · 수출을 지역에서 창업보육한 중소기업이 이룩해 온 이러한 사례가 원주 의료기기 산업의 특징이다. (주)메디아나 이외에도 (주)메타텍, (주)휴먼테크,

(주)중외메디칼, (주)씨유메디칼시스템과 같은 기업들이 원주 지역에서 선도적 역할을 수행하고 있다.

5) 핵심 연구개발

원주 의료기기 산업이 경쟁력을 갖기 위해서는 세계 수준의 연구개발력이 요구된다. 지역 내 우수한 대학이 입주해 있고 대학 연구실을 통해 원천 기술이 제공되고 있기는 하지만 아직은 규모와 연구의 질적 수준 측면에서 미흡한 부분이 많다.

6) 산·학·관 연계

제5장에서 원주 의료기기 클러스터의 인접성에 대한 실증적 분석을 시도했는데, 공무원과 연구기관 및 기업체 종사자 간에 인접성에 대한 인식의 차이가 있기는 했지만, 전반적으로 지리적·조직 간·문화적 인접성이 존재하는 것으로 인지되었다. 특히 관·학 간의 신뢰와 상호 협조는 원주 의료기기 클러스터의 귀중한 자산이다. 당초 자치단체와 지역 대학이 협력하여 자생적으로 의료기기 산업 육성을 시작한 만큼 공동의 책임 의식이 존재하며, 서로의 공로를 인정하고 존중하는 관계는 오랜 기간 신뢰를 통해 구축된 것이며, 다른 지역에서 찾아보기 쉽지 않은 사례로 평가된다.

7) 벤처기업

원주 의료기기 클러스터에는 2009년 기준 101개 업체가 입주해 있으며, 이 가운데 상당수의 기업은 벤처이거나 벤처 기업적 특성을 지니고 있다. 더 많은 기업의 입주 필요성은 계속해서 제기되고 있으며, 산업단지의 규모를 키우고 활력을 찾는 것이 과제이다.

8) 대기업

원주 의료기기 클러스터는 대기업 유치, 대기업과 중소기업 간의 공조 관계 형성이 하나의 과제임에 틀림없다. 유수한 기업들이 유치될 수 있도록, 중앙정부 및 지방정부 차원에서의 유인(incentive) 제도가 마련되어야 한다.

9) 기업 지원

금융·경영·기술·제조 등 기업 지원기관의 지역 내 존재 여부 및 활동 수준은 클러스터의 성과와 유관하다. 원주 의료기기 클러스터는 산업은행과 업무 협약, 한국산업기술시험원 원주분소 유치, 전자부품연구원과 업무 협약 등을 통해 금융 지원·정보 제공·공동 연구개발·설비 및 시설 공동 활용을 모색해 왔다. 미니클러스터의 활동이 활발하지만, 이것이 기업의 지원 수요를 충족시켜 줄 수 있는 수준까지 이르렀다고 보기는 어렵겠지만, 유관 기관의 지속적 유치와 서비스 확대를 통해 유리한 여건을 만들어 가고 있다.

10) 연계 기관

원주 의료기기 산업의 종합 지원센터로서 첨단 의료기기 테크노타워의 건립, 재단법인 원주 의료기기 테크노밸리와 원주단지 혁신클러스터추진단의 구성으로 지역 내에서 기업과 대학, 기업 지원 기관들을 연계시키고 조정하는 기관이 존재한다. 원주 의료기기 테크노밸리의 경우를 보면 자체 고용되었거나 유관 기관에서 파견된 인력을 합하여 2009년 3월 현재 29명에 이른다. 이들은 상근하며 클러스터의 통제조정센터로 역할을 수행하고 있다.

11) 비전 제시자

원주 의료기기 클러스터의 경우 초창기 연세대 의공학연구소와 이곳에 소속된 교수들이 비전 제시자의 역할을 수행했다고 볼 수 있다. 지방자치단체·시의회·지역 언론 등은 의료기기에 대한 전문성이 부족할 수밖에 없는 상황에서, 대학교수들이 중심이 되어 의료기기 산업 육성의 청사진을 제시했다. 각종 중앙부처의 지원 사업에 신청서를 제출할 때에도 원주 의료기기는 사업 결과로 얻을 수 있는 성과지표를 분명히 제시함으로써 다른 기관의 신청서에 비해 경쟁력을 갖고 있었던 것으로 평가되고 있다. 연세대 의공학 전공 교수들은 1994년부터 지방 캠퍼스 공학 계열의 위기를 타개하기 위해 발전 대책을 수시로 논의했고, 결론은 연구 기능의 활성화였으며 이를 위해 의공학연구소를 설립하는 것이었다. 1999년 이후 참여정부 정부 기간 내내 중앙부처의 각종 국책사업 신청에서 의공학 전공이 경쟁력을 가질 수 있었던 이유는 바로 다른 전공에 비해 한발 먼저 위기 의식을 갖고 발전의 비전과 대책을 강구한 데 있었다.

12) 글로벌 경쟁력

원주 의료기기 클러스터의 비전을 보면, 국내 의료기기 산업 클러스터의 거점 구축에 이어 국제화 추진을 다음 단계의 목표로 제시하고 있다. 현재 입주 업체 중에도 좋은 수출 실적을 내고 정부로부터 수상을 한 기업도 여럿 있지만, 좀더 국제적 경쟁력을 갖기 위해서는 다양한 제품의 개발, 세계 수준에 부합하는 양질의 제품 개발, 그리고 부가가치가 높은 제품 생산이 요구된다.

13) 클러스터의 지명도

원주 의료기기 클러스터는 지난 10여 년 동안 꾸준한 성장을 이룩해 왔으며, 입주 업체의 점진적 증가 및 중앙정부 재정 지원 확보와 같은 가시적 성과를 이룩함으로써 각종 언론 보도의 대상이 되었다. 지역혁신박람회 산업단지 분야 대통령상 및 첨단의료건강산업특구 대통령상 수상을 통해, 각종 지역혁신 우수사례집에서의 소개 등을 통해 지명도가 점차 확대되었다. 2008년의 경우 약 1,000명 정도로 추정되는 인력이 첨단 의료기기 테크노타워를 방문했으며 원주 의료기기 산업의 벤치마킹하고자 하는 사람들이 줄지 않고 있는 것을 볼 때 지명도는 높다고 평가된다.

14) 생활문화 수준

클러스터가 발전하기 위해서는 우수한 인력, 특히 연구개발 인력이 모여들어야 한다. 원주시의 경우, 사통팔달로 교통이 편리하고 수도권으로부터 1~2시간 운전 거리에 떨어져 있어서 기업활동에 유리한 위치이다. 하지만 서울 중심적 사고가 강한 현실에서 인력 유치에 어려움이 없지 않으며, 세계적 인재를 유치할 수 있을 만큼의 지역적 여건을 갖추고 있는가라는 차원에서 볼 때 부족한 부분이 많다. 특히 양질의 자녀교육이 실현 가능하고, 높은 문화적 생활 수준을 유지할 수 있기 위해서는 행정기관의 노력이 더 필요하다.

이상을 요약해 볼 때, 원주 의료기기 클러스터는 지리적 집적도가 높을 뿐만 아니라 산·학·관의 연계가 양호한 것으로 평가된다. 지역 특화산업을 자생적으로 시작함으로써 생존하고 성공해 나가기 위해서는 상호 협조하고 공생공사(共生共死)해야 한다는 의식이 지배적이며 이러한 의식이 상호 협조적 관계에 유리하게 작용하고 있다. 의료기기 산업과 관련 있는 기존 지역자산이 매우 부족한 가운데 시작했음에도 불구하고, 초기 투자가 필요 없고 중소기업으로 부가가치 창출이 가능한 의료기기 산업에 초점을 맞추게 됨으로써 선택과 집중의 효과를 얻고 있다. 지역 내에 존재하는 대학으로 인해, 의료기기 산업 중심의 지역 발전의 비전과 모델이 제공되었고, 연구개발 및 원천 기술의 경쟁력이 확보 가능해졌으며, 이를 바탕으로 중앙 및 지방정부의 각종 지원을 확보할 수 있었던 것이 큰 추동력이 되었다. 지방자치단체장을 비롯한 시 공무원들의 헌신적 노력, 과거의 부정적 이미지에서 벗어나 지역 이미지를 미래 지향적 부가가치 있는 산업 중심으로 전환시켜 보고자 하는 지역의 노력이 원주시에 큰 성과로 나타났다고 볼 수 있다. 하지만, 이러한 성과 요인에도 불구하고, 핵심기업 유치, 국제적 경쟁력 확보, 지원기관 추가 유치, 우수한 인력 유치, 인재 유치를 위한 지역 생활 여건 개선, 세계 수준의 연구개발력 확보 등의 과제가 계속 도전을 기다리고 있다.

제 3 절 원주 의료기기 클러스터의 발전을 위한 참여자의 역할과 향후 과제

지역혁신 클러스터의 발전에서 지리적 인접성만큼이나 중요한 것이 조직 간 협력 체계와 사회적 신뢰의 축적이다. 그렇다면 협력 체계와 신뢰는 어떻게 구축되는가가 매우 중요한 과제로 남는다. 그리고 사회적 관계 속에서 각자는 어떠한 입장으로 자리매김할 수 있는가도 중요하다. 결국 하나의 학습공동체로서 클러스터는 개별 주체들이 환경의 변화에 적극적으로 대응하고 국가와 지방의 경쟁력 향상을 위해 기여하는 것이 중요하다. 그런 의미에서 각 참여자의 역할과 향후 과제를 제시하는 것으로 결론을 마무리하고자 한다.

1 정부의 새로운 역할

1) 중앙정부 지원의 중요성

원주 의료기기 클러스터의 발전 과정을 검토한 결과에 따르면 지방자치단체와 지역의 대학교가 발전을 주도했음은 분명한 사실이다. 그러나 간과할 수 없는 중요한 요인은 중앙정부의 풍부한 재정 지원이 성공의 결정적인 열쇠가 되었다는 사실이다. RRC와 TIC 그리고 그 밖의 다양한 재정 지원은 연구기관과 기업이 풍족한 환경에서 기술 개발을 하고 상용화할 수 있는 토대가 되었고, 그러한 사실은 연구기관과 기업의 관계자가 공통적으로 지적하고 있다.

여전히 많은 지방자치단체가 지역산업의 발전에 투자할 재원이 부족하고 발전의 경험도 없는 것이 사실이다. 이러한 상황에서 중앙정부의 지원은 지역혁신 클러스터가 발전하는 데 중요한 수단이 될 수 있다. 중앙정부의 지원을 통해 지역혁신 클러스터의 발전이 완성된다고 할 때, 지역경제의 활성화, 지방기업의 혁신 역량 강화, 지방대학의 경쟁력 제고, 지역의 인적 자원 개발 체계의 고도화 등 국가경쟁력 향상에 직결되는 결과를 유발할 수 있다. 따라서 중앙정부는 원주 의료기기 클러스터의 성공에 핵심적인 요인을 밝히고 효과적인 지원 정책을 입안하는 것이 중요하다.

2) 지방자치단체의 자기 주도적 발전 방향 모색

중앙정부의 풍부한 지원도 매우 중요한 요인이지만 더 중요한 것은 지방자치단체가 중앙정부의 지원 여부에 의존하지 않고 스스로 지역산업을 발전시키겠다는 자기 주도성을 갖는 것이다. 원주의 경우 중앙정부 지원사업 탈락에 좌절하지 않고 오히려 시의 재원을 활용하여 창업보육센터를 설립하고 제품 상용화의 기반을 마련했다. 그리고 중앙정부의 지원이 계속되는 동안 시의 리더십이 변화했음에도 불구하고 변함없이 생산 기반을 확충하는데 투자했다.

향후 의료기기 클러스터를 발전시키기 위해서도 자생적인 발전 노력을 이어나가는 것이 중요하다. 지방자치단체의 자기 주도적인 발전 의지는 클러스터 참여자들에게 중요한 동기 유발 수단이 되고, 특히 참여 기업들에게는 지속적인 투자를 하게 하는 유인이 될 수 있다. 그리고 이제는 자생적인 발전 의지가 전략적인 초점에 맞게 집중되는 것이 중요하다. 지방자치단체의 인적, 재정 자원 등이 점차 열악해지는 현실 속에서 성공 가능성이 높은 분야를 밝히고 발전을 위한 자원을 결집하여 투자하는 전략적 지원이 필요할 것이다.

3) 지방자치단체장의 리더십 변화와 무관한 지속적인 지원

원주 의료기기 클러스터가 발전하는 과정에서 자치단체장의 리더십 변화가 있었다. 초기에 주변의 부정적인 시각에도 불구하고 과감하게 사업을 시작한 K시장이 낙선한 후 등장한 후임 H시장은 전임자의 프로젝트라는 사실에도 불구하고 다양한 지원을 아끼지 않는다. 그러한 지원의 결과로 중앙정부의 풍족한 지원을 얻었고, 클러스터의 행정적 서비스를 수행할 기관이 입주할 통합건물의 건축이 가능했다. 이 두 가지는 원주 의료기기 클러스터가 발전하게 된 결정적인 요인으로 전임자의 씨앗을 후임자가 소중하게 가꾸어 결실로 수확한 좋은 모범으로 평가받는다. 자치단체장의 개인적 가치의 차이에 따라 정책 지향성이 달라질 수 있으나 좋은 정책은 계승 발전시키고 특히 장래가 유망한 지역산업은 전력을 다해서 지원할 때 바람직한 성과로 나타난다. 이제 원주시에는 다시 한번 리더십의 변화가 있을 예정이다. 이 경우 변함 없는 지원이 보장하는 것이 지속적인 발전에 기여할 것이다.

2 대학의 새로운 역할

1) 산학 협력에서 개척자적 리더십의 중요성

대부분의 대학은 연구와 교육에 주력하고 산학 협력의 영역에서도 주도적인 역할을 수행하는 경우는 찾아보기 어렵다. 원주의 경우 전문화된 연구 기반을 축적하고, 클러스터의 다양한 영역을 공식적으로 제도화하고 혁신 역량을 키워나가는 모든 과정에서 대학교 구성원들이 개척적인 리더십을 발휘했다. 따라서 기존의 정부가 주도하거나 기업이 주도하는 클러스터 발전 모형 외에 대학이 주도하는 산학 협력도 좋은 성과를 낸다는 사례로 주목받고 있다. 대학은 다른 기관에 비해 지식 집약적인 기관으로 미래 환경의 변화를 조망하는 데 유리하다. 따라서 환경의 변화에 대응하기 위해 비전을 설계하고 클러스터 구성원들의 변화를 유도하는 데 대학의 기능이 매우 중요하다. 따라서 산·학·연·관의 관계 속에서 대학이 수동적인 역할보다 적극적이고 주도적인 역할을 수행하는 것이 바람직하다.

2) 중앙 및 지방정부와의 신뢰 구축

산학 협력에서 대학교가 적극적인 리더십을 발휘하기 위해 반드시 갖추어야 할 요인은 공공기관과의 신뢰 구축이다. 원주 의료기기 클러스터가 시작부터 지금까지 일관된 발전을 할 수 있었던 원인은 대학교와 시의 리더들이 비전을 공유하면서 신뢰를 구축했기 때문이다. 원주시장과 인근 대학교의 교수들 사이에는 무슨 일이든 함께 착수하면 반드시 결과를 이루어 낸다는 믿음을 갖고 있다. 이는 정부와 대학이 서로 능력과 의지에 대해 굳게 신뢰하고 있음을 나타낸다. 이러한 신뢰가 있으면 스스로 더 많은 투자를 하게 될 것이고 상대방을 불신해서 발생하는 다양한 거래 비용(transaction cost)을 줄일 수 있기 때문에 클러스터의 성공 가능성이 그만큼 높아지는 것이다.

3 발전을 위한 향후 과제

이제까지 많은 어려움을 극복하고 원주 의료기기 클러스터는 많은 발전을 달성했으나 향후 과제도 산적해 있다. 현재까지 클러스터의 발전을 견인한 리더들은 각각 지방정부와 대학교에서 주도적인 역할을 맡았고 기업에 대한 지원을 공식적으로 제도화하는 데 성공했다. 그러나 혁신 및 학습 지향적인 클러스터를 완성하기 위해서 현재와 같은 공식적 관료제적 구조는 적합하지 않다. 그들의 권한을 과감하게 위임하여 참여자들이 자율적으로 의사 결정할 수 있는 역량을 양성하는 것이 바람직하다. 그리고 새로운 지식의 학습과 혁신의 아이디어는 국내외 모두에서 흡수하는 것이 효과적이다. 따라서 클러스터의 다양한 활동을 국제화하는 것이 필요하다. 현재 클러스터에서 추진하는 해외 유력 기업의 유치 등은 이와 맥락을 같이하는 것이다.

그리고 현재 한국에서 육성되고 있는 다른 의료/바이오 클러스터와의 협력 체계의 구축도 중요하다. 생산된 의료기기는 의료현장에서 발생하는 수요를 충족시켜야 하고 사후관리의 네트워크도 구축해야 하기 때문이다. 특히 최근 논의가 활성화되고 있는 첨단의료복합단지의 경우 바이오 연구단지, 의료시설, 의료기기를 육성하기 위한 본격적인 의미의 의료 클러스터를 조성할 목적으로 추진 중이다. 원주의 경우 의료기기 산업 클러스터로서 첨단의료복합단지와 적절한 분업 체계를 형성할 수 있는 시스템의 형성에 역점을 두는 것이 바람직하다.

부 록

1. 원주 의료기기 클러스터 연보
2. 원주 의료기기 클러스터 조성 현황

〈부록 1〉 원주 의료기기 클러스터 연보

1995. 3. 1	연세대학교 의공학연구소 설립
1997. 5	원주 의료전자 테크노파크 조성사업 협정 체결
1998. 5. 18	원주 의료기기 창업보육센터 개소
1998. 11. 6	원주 의료기기 생산공장 시설로 태장농공단지 내 (주)유니온전지 공장시설 매수 계약
1999. 5.	과학기술부 지역협력연구센터(RRC)로 의료전자기기연구센터(후에 의용 계측 및 재활공학연구센터로 변칭 명경)가 지정됨.
1999. 6. 9	김대중 대통령 원주 의료기기 창업보육센터 방문
1999. 8.	중소기업청으로부터 원주 의료기기 창업보육센터 공식 지정
1999. 10.	태장농공단지 내 원주 의료기기 산업기술단지 준공 입주
1999. 11.	산업자원부로부터 첨단 의료기기 기술혁신센터(TIC) 지정됨.
2000. 3. 21	첨단 의료기기 기술혁신센터 개소식
2000. 3. 23	제16회 국제의료기기전시회(KIMES 2002) 참가, 원주시 전용 부스 설치 및 개발 제품 전시
2000. 11.	중소기업청으로부터 벤처기업 촉진지구로 지정됨.
2000. 11. 21	첨단 의료기기 기술혁신센터 동물실험실 증축식
2000. 11. 22	독일 국제의료기기전시회(MEDICA 2000) 참가
2000. 12. 5	의료기기 국제포럼 개최
2001. 3. 16	제17회 국제의료기기전시회(KIMES) 참가
2001. 4. 27	제2회 한・러 산업기술 심포지엄(의료기술 및 의료기기 분야)
2001. 8. 6	중소기업청으로부터 POST-BI 사업자 지정됨.
2001. 8. 30	원주의료기기산업 진흥센터 착공
2001. 9. 4	연세대학교와 산업기술시험원 업 무협약 체결
2001. 11. 21	독일 국제의료기기전시회(MEDICA 2001) 참가
2002. 3. 14	제18회 국제의료기기전시회(KIMES 2002) 참가
2002. 5. 8	연세대학교와 국립재활원 협동 연구 협약 체결
2002. 6. 28	EMI 야외시험장 공사 완공
2002. 7. 1	연세대학교 의료공학연구원(연세대학교 교책연구소) 설립
2002. 11. 20	독일 국제의료기기전시회(MEDICA 2002) 참가

2002. 12.	보건복지부로부터 재택건강관리시스템 연구센터 지정됨.
2003. 1. 15	연세대 RRC/TIC, Nihon Kohden사 및 일본 대학과 협약 체결
2003. 3. 13	제19회 국제의료기기전시회(KIMES 2003) 참가
2003. 4. 3	문막 동화 첨단의료기기 산업단지 기공
2003. 6. 9	재택건강관리시스템 연구센터 개소
2003. 6. 18	첨단 의료기기 테크노타워 준공식
2003. 6. 18	태장농공단지 내 원주의료기기 산업기술단지 증축 공장 준공식
2003. 8. 2	원주 '의료기기 메카를 꿈꾼다' 다큐멘터리 제작(2003년 11월 4일 KBS 1 TV 방영)
2003. 8. 5	재단법인 원주 의료기기 테크노밸리 설립
2003. 10. 23	원주 의료기기 기술혁신 포럼 개최
2003. 10. 31	2003 부산 국제의료기기·의료정보 전시회 참가
2003. 10.	연세대학교 특성화 분야 평가에서 최우수 특성화사업단으로 선정
2003. 12. 4	보건산업기술대전(HITEK 2004) 참석
2003. 12	산업자원부, 강원테크노파크(의료기기, 생물산업, 신소재) 지정
2004. 1. 19	국가균형발전위원회 출간, 『이제는 지역이다: 지역혁신 성공사례를 찾아서』에 "세계적 의료기기 테크노밸리를 꿈꾸며-강원도 원주" 소개
2004. 3. 19	제20회 국제의료기기전시회(KIMES 2004) 참가
2004. 5. 10	원주 의료기기산업 발전전략 간담회 개최
2004. 6. 3.	원주 의료기기 혁신 클러스터 시범단지 지정
2004. 6. 16	교육인적자원부 지방대학 혁신역량강화사업(NURI)에 연세대학교 의공학부 '의료공학교육혁신사업' 선정
2004. 6. 25	연세의료공학연구원, 중소기업청으로부터 해외 규격 인증 지원 컨설팅기관으로 선정
2004. 7. 12	원주 의료기기 산업 정책포럼 개최
2004. 8. 20	노무현 대통령 원주 의료기기 산업단지 방문
2004. 9. 8	K-TV 국립방송, 국회 방송에 "원주 의료기기 산업" 소개

2004. 10. 4	(재)원주 의료기기 테크노밸리 제2대 윤형로 원장 취임
2004. 10	동화 첨단 의료기기 산업단지(10만 평)
2004. 11. 10	제1회 대한민국 지역혁신박람회 산업단지 분야 연세대학교 원주캠퍼스, 대통령 표창 수상
2004. 11. 23	독일 국제의료기기전시회(MEDICA 2004) 참가
2004. 12. 1	재택건강관리시스템연구센터 보건사업기술대전(HITEK 2004) 참가
2005. 3.	중동 바이어 초청 의료기기 수출 상담회 개최
2005. 4.	지역산업진흥사업(지역산업기반 구축사업) 3차 연도 평가 결과 전기전자·반도체 분과 1위
2005. 3. 17	제21회 국제의료기기전시회(KIMES 2005) 참가
2005. 4. 26	재정경제부, 원주 첨단의료건강산업특구 지정
2005. 5. 3	원주 의료기기 혁신 클러스터 추진단 출범식
2005. 5.	제1회 전국 의료기기 아이디어 및 창업경진대회 개최
2005. 5.	동화공단 원주시 임대공장 준공
2005. 7. 8	진대제 정보통신부 장관 초청 강연 및 U-Health City 선포식
2005. 9. 8	제2회 원주 의료기기 산업정책 포럼 개최
2005. 9. 27	(재)원주 의료기기 테크노밸리, 전자부품연구원과 업무 협약 체결
2005. 11. 3	산업기술시험원(KTL) 원주분소 개소
2005. 11. 14	첨단 의료기기 벤처센터 건축 기공식
2005. 11. 16	독일국제의료기기전시회(MEDICA 2005) 참가
2005. 11. 24	김근태 보건복지부 장관 원주 의료기기 테크노밸리 내방
2005. 11.	상지대학교 한방의공학과 신설
2005. 12. 11	KBS 일요스페셜 <대한민국의 힘 87%: 희망을 만드는 네트워크> "원주의료기기 클러스터" 소개
2006. 1. 22	두바이 국제의료기기전시회(ARAB HEALTH) 참가
2006. 3. 16	제22회 국제의료기기전시회(KIMES 2006) 참가
2006. 3. 16	제2회 전국 의료기기 아이디어 및 창업경진대회 개최
2006. 3.	교육인적자원부 2단계 BK21사업에 연세대학교 의공학부 '의료공학신기술사업단' 선정
2006. 4. 18	상지대 한방의료기기산업진흥센터 기공식 및 심포지엄 개최

2006. 4.	중남미 의료바이오 초청 강원 수출상담회 개최
2006. 4.	한국산업기술평가원 전략산업진흥사업 평가 1위
2006. 4.	원주혁신클러스터추진단 통합창업보육센터 운영자 지정 및 중기청 지원 대상 결정
2006. 7. 20	한국산업은행과 업무 협약 체결
2006. 7. 28	경원대 RIS사업단과 U-health 업무 협약 체결
2006. 8. 25	홍콩 생산력 촉진국과 양해각서 체결
2006. 9. 5	첨단의료복합단지 유치위원회 출범
2006. 9. 7	중국 연대시 인민대표대회 대표단, 일본 후쿠시마현 방문단 첨단의료기기 테크노밸리 방문
2006. 9. 22	원주시의회 첨단 의료기기 테크노밸리 방문
2006. 9. 28	원주첨단의료건강산업특구 대통령상 수상
2006. 10. 11	베트남 보건부 장관 원주 의료기기 테크노밸리 방문
2006. 10. 12	페루 조달부처장 및 국회의원 일행 원주 의료기기 테크노밸리 방문
2006. 10. 25	한국과학기술원(KIST)과 Lab 설치 협약 체결
2006. 11. 2	제1회 강원메디컬 플라자 개최
2006. 11. 15	독일 국제의료기기박람회(MEDICA 2006) 참가
2006. 12.	강원테크노파크 원주 벤처공장 준공
2006. 12.	한라대학교 의료기계과 신설
2007. 2. 7	유시민 보건복지부 장관 원주 의료기기 테크노밸리 내방
2007. 2. 9	한방의료기기산업진흥센터 개소식
2007. 2. 28	이라크 쿠르드 지방정부 보건부 일행 원주 의료기기 테크노밸리 내방
2007. 3. 9	김선화 청와대 정보과학기술 보좌관 원주 의료기기 테크노밸리 내방 및 산학연 간담회 개최
2007. 3. 14	벨기에·불가리아·프랑스 바이어 초청 수출상담회 개최
2007. 3. 14	불가리아 보건부 장관 일행 원주 의료기기 테크노밸리 내방
2007. 3. 15	국제의료기기전시회(KIMES 2007) 참가 및 원주 클러스터 공동관 설치
2007. 3. 17	원주시, 첨단 의료복합단지 추진계획 발표
2007. 3. 27	박근혜 전 한나라당 대표 원주 의료기기 테크노밸리 내방

2007. 4. 6	산·학·연 정기 간담회 시작(매월 첫째주 목요일)
2007. 4. 13	의료기기 부품 미니클러스터 창립 총회
2007. 5. 30~31	의료기기업체 CEO 워크숍 개최(강원TP와 공동 주최)
2007. 6. 14	제3회 전국 의료기기 창업경진대회 시상식 개최
2007. 7. 6~7	원주혁신클러스터추진단 혁신역량 강화 1차 워크숍 개최
2007. 7. 10	독일 바덴뷔르템베르크 경제사절단 내방 및 상호 협력 방안 논의
2007. 7. 19~20	의료기기 업체 중간관리자 워크숍 개최(강원TP와 공동 주최)
2007. 9. 9~12	의료기기 해외입찰 바이어(페루·쿠웨이트·요르단·아르헨티나) 초청 수출상담회 개최
2007. 9. 13	강원도 중소기업종합지원센터와 업무협약 체결
2007. 10. 13~14	제3회 원주시 우수 중소기업 박람회 참가
2007. 10. 18	첨단의료기기벤처센터 입주
2007. 10. 25	『원주 의료기기 산업 10년의 발자취』 발간 기념식
2007. 10. 25	"U-health 시대의 도래"를 주제로 유헬스 포럼 개최
2007. 10. 25~27	제2회 강원의료기기전시회(GMES 2007) 개최
2007. 10. 29~31	제2회 국제도시박람회(UCLG) 참가
2007. 11. 15~17	제39회 독일 뒤셀도르프 의료기기전시회(MEDICA2007) 참가
2007. 11. 30	광주혁신클러스터추진단과 공동으로 "의료용 광융합 기술" 포럼 개최
2007. 12. 12	제1회 의료기기 표준기술 세미나 개최
2008. 2. 1	기술경영(MOT-Management of Technology) 단기 전문가 과정 시작
2008. 2. 4	미니클러스터별 발전전략 수립 확정
2008. 2. 4	일본 Konica Minolta Opto Inc.와 업무 협약 체결
2008. 2. 19	미국 University of Southern California, Alfred E. Mann Institute (AMI) 연구소 방문 상호 교류 방안 협의
2008. 2. 21~22	미국 Purdue University, Discovery & Research Park 방문 상호 교류 방안 협의
2008. 2. 22	기술신용보증기금과 업무 협약 체결
2008. 3. 6	(주)원주기업도시와 업무 협약 체결
2008. 3. 13~16	2008 서울 국제의료기기전시회(KIMES 2008) 참가 및 원주

클러스터공동관 설치

2008. 3. 24~29 원주 의료기기 유럽 시장개척단 네덜란드·체코 방문

2008. 5. 22 식품의약품안전청 윤여표 청장 내방

2008. 5. 26 이스라엘수출입공사(Israel Export and International Cooperation)와 업무 협약 체결

2008. 6. 3~5 2008 미동부 의료기기전시회(MD&M East 2008) 참가

2008. 6. 16 원주기독병원(임상시험센터)과 업무 협약 체결

2008. 6. 25 이윤호 지식경제부 장관 내방

2008. 7. 3~4 제1회 지역투자박람회 참가, 원주의료기기산업 홍보 및 투자설명회 개최

2008. 7. 17 신용보증기금(서울동부본부)과 업무 협약 체결(창업기업 종합 지원)

2008. 7. 22 원주단지혁신클러스터추진단장에 김영호 연세대 교수 취임

2008. 7. 24 첨단의료복합단지 유치 사무국 개소식

2008. 8. 28~31 제5회 지방자치경영대전에 원주 의료기기 산업 분야 참가

2008. 9. 1 (주)이앤네트웍스벤처투자와 업무 협약 체결

2008. 9. 12 문막정보고등학교(의료기기 마이스터교 추진)와 업무 협약 체결

2008. 9. 10 강원바이오·메디컬 펀드 공식 출범 및 의료기기 업체에 투자활동 개시

2008. 9. 30 첨단의료복합단지 유치위원회 공식 출범

2008. 10. 17 첨단의료복합단지 원주 유치 시민 결의대회

2008. 10. 24~26 제3회 강원의료기기전시회(GMES 2008) 개최

2008. 10. 24 원주의료기기 통합 글로벌 브랜드 블루밴스(Bluvance) 선포식

2008. 11. 19~22 제40회 독일 뒤셀도르프 의료기기전시회(MEDICA2008) 참가

2008. 11. 21 독일 뒤셀도르프 수공기술회의소 전문기능인공단(Handwerkskammer, HWK)과 업무 협약 체결

2008. 11. 24 원주기업도시 기공식

2008. 11. 26 국가경쟁력 강화를 위한 의료산업 육성 국제 포럼 개최

2008. 12. 11~15 2008대한민국발명특허대전에서 원주 의료기기 업체인 다빈치메디텍(주)이 금상, 한국돌기(주)와 (주)대경산업이 은상,

	씨알메디가 동상을 각각 수상. 또 서울국제발명전시회에서는 (주)네오닥터가 금상·은상을 동시 수상
2009. 1. 2	송호대학과 업무 협약 체결
2009. 1. 26~29	제34회 두바이 국제의료기기전시회(Arab Health 2009) 참가
2009. 1. 30	강원도의회 의원 첨단의료복합단지 유치 결의대회
2009. 2. 19	첨단의료복합단지 포럼 개최(주제: 성공적인 첨단의료복합단지 조성 방안)
2009. 2. 25	롯데로지스틱스(주)와 업무 협약 체결
2009. 3. 1	첨단의료복합단지 원주 유치를 위한 시민 달리기 대회
2009. 3. 12~16	2009 서울 국제의료기기·정보전시회(KIMES 2009) 참가
2009. 3. 25	국회 기획재정위원회 소속 국회의원, 원주 의료기기 테크노밸리 내방 및 기업 지원대책 간담회 개최
2009. 6. 11	주한 온두라스, 에콰도르, 인도네시아, 이라크 대사 등 주한 외교관 50여명, 원주 의료기기 테크노밸리 내방
2009. 7. 3	아이엠과 바이오 융복합의료기기 상용화를 위한 업무 협약 체결
2009. 7. 3	이명박 대통령, 원주 의료마이스터고 방문
2009. 7. 13	독일 프라운호퍼 국제공동연구센터의 원주 설립을 위한 협의회 개최
2009. 7. 27	경기도의 성남산업진흥재단과 의료기기 산업 육성을 위한 업무 협약 체결

〈부록 2〉 원주 의료기기 클러스터 조성 현황

<table>
<tr><th></th><th>1998</th><th>1999</th><th>2000</th><th>2001</th><th>2002</th><th>2003</th><th>2004</th><th>2005</th><th>2006</th><th>2007</th><th>2008</th><th>2009</th><th>2010</th><th>2011</th><th>2012</th><th>2013</th><th>2014</th></tr>
<tr><td rowspan="4">지원 기관</td><td colspan="5"></td><td colspan="12">연세대학교 의료공학연구원(1995년 설립 의공학연구소 승격)</td></tr>
<tr><td colspan="5"></td><td colspan="12">(재)원주 의료기기 테크노밸리</td></tr>
<tr><td colspan="7"></td><td colspan="10">한국산업기술시험원(KTL) 원주분소</td></tr>
<tr><td colspan="8"></td><td colspan="9">한국과학기술연구원(KIST) 원주분원</td></tr>
<tr><td rowspan="2">인력 양성</td><td colspan="6"></td><td colspan="5">의료공학교육혁신사업(NURI)</td><td colspan="6"></td></tr>
<tr><td colspan="7"></td><td colspan="8">의료공학신기술사업단(BK21)</td><td colspan="2"></td></tr>
<tr><td rowspan="7">기반 구축</td><td colspan="17">원주의료기기산업기술단지(임대공장, POST-BI) 2003년 증축</td></tr>
<tr><td colspan="5"></td><td colspan="12">첨단 의료기기 테크노타워(지원동)</td></tr>
<tr><td colspan="9"></td><td colspan="8">첨단의료기기 벤처센터(산학동)</td></tr>
<tr><td colspan="8"></td><td colspan="9">한방의료기기산업진흥센터</td></tr>
<tr><td colspan="6"></td><td colspan="11">원주 동화의료기기 전용공단</td></tr>
<tr><td colspan="12"></td><td colspan="5">제4지방산업단지 조성</td></tr>
<tr><td colspan="11"></td><td colspan="6">제5지방산업단지 조성</td></tr>
<tr><td rowspan="4">기술 개발</td><td colspan="7">첨단의료기기기술혁신센터(TIC)</td><td colspan="10"></td></tr>
<tr><td colspan="10">의용 계측 및 재활공학연구센터(RRC)</td><td colspan="7"></td></tr>
<tr><td colspan="5"></td><td colspan="12">지역특화기술개발사업</td></tr>
<tr><td colspan="4"></td><td colspan="7">재택건강관리시스템연구센터</td><td colspan="6"></td></tr>
<tr><td>클러스터</td><td colspan="6"></td><td colspan="6">원주단지 혁신 클러스터(1단계)</td><td colspan="5">원주단지 혁신 클러스터(2단계)</td></tr>
</table>

참고 문헌

국내 문헌

과학기술부·대구광역시.(2003).「대구지역 산업클러스터의 실체와 발전 방안」.

국가균형발전위원회.(2005).「한반도 공간 구상과 균형발전 전략」.

국가균형발전위원회.(2005).「동북아 시대의 한반도 공간구상과 균형발전 전략」.

국가균형발전위원회·산업자원부.(2004).「산업단지 혁신클러스터화」.

국가균형발전위원회·산업자원부.(2004).「제1차 국가균형발전5개년 계획(안)」.

권명중·양준모·유정식·이태정.(2005). 강원도 의료기기산업의 파급효과 분석.「응용경제」 7(1): 151-186.

권영섭·안종천.(2006). 원주 의료기기 산업 클러스터의 혁신환경 및 발전 단계.「한국도시지리학회지」 9(2): 41-56.

권영섭·정석희·강호제·박경현.(2005).「지역특성화 발전을 위한 혁신클러스터 육성 방안 연구」. 국토연구원.

권오혁.(2007). 참여정부 지역산업정책의 평가와 문제점 분석.「경제와 사회」 75: 10-38.

기영석.(2004). 지역 발전을 위한 혁신 클러스터 구축전략: 대덕연구단지를 중심으로.「한국공공관리학보」 18(1): 25-52

김성태·노근호.(2004). 지역혁신 클러스터 추정과 지역경제 성장에 미치는 효과분석.「응용경제」 6(2): 63-97.

김종호.(2008).「국내 의료클러스터 현황과 국제경쟁력」. 현대경제연구원.

김형빈.(2008). 참여정부 국가균형발전정책 성과분석. 「한국행정학보」 42(3): 313-332.

변창흠.(2005). 「참여정부 개발사업 추진정책의 성격과 과제」 한국공간환경학회 · 한국지역사회학회 춘계공동심포지엄 자료집.

복득규.(2003). 클러스터의 개념에 대한 소고. 「동향과 전망」 57: 114-138.

삼성경제연구소.(1999). 「학습조직의 이론과 실제」. 서울: 삼성경제연구소.

삼성경제연구소.(2009). 광역경제권 출범과 지역 기업의 대응과제. 「SERI 경제포커스」 252.

서정해.(2000). 「산학협동제도의 세계적 확산과 수렴」. 산학경영기술연구원.

성경륭.(2003). 참여정부의 국가균형발전 전략. 한국행정학회 세미나 발표 논문.

송경수 · 최만기 · 박봉규.(1999). 직무만족과 조직몰입의 조직 시민행동에 대한 매개 역할에 대한 탐색적 연구. 「인사 · 조직연구」 7(2): 139-189.

원주단지혁신클러스터추진단.(2009). 「원주산업단지 혁신클러스터사업에 관한 보고서」.

원주시.(2004). 「원주의료기기 산업단지 혁신클러스터화 지원 방안」.

원주 의료기기 테크노밸리.(2005a). 「원주 의료기기 클러스터 추진 현황 및 향후 계획」.

원주 의료기기 테크노밸리.(2005b). 「원주의료기기산업단지 혁신 클러스터화 추진 방안」.

원주 의료기기 테크노밸리.(2007). 「원주의료기기산업 10년의 발자취」.

유평준 · 한상일.(2007). 원주 의료기기 클러스터의 발전 과정에 관한 연구. 한국행정학회 동계학술대회 발표 논문.

유평준 · 한상일 · 최호진.(2006). 지역혁신 클러스터의 학습과 혁신: 사회적 자본과 전략적 제휴와의 관계. 「한국행정학보」 40(1): 225-247

이정수.(2005). 지역산업 활성화를 위한 산학협력의 성공 요인에 관한 연구: 원주 의료기기 테크노밸리를 중심으로. 중앙대학교 대학원 석사학위 논문.

이종열 · 박광국 · 주효진.(2003). 문화산업 클러스터 형성의 전망과 과제. 한국행정학회 2003년 하계학술대회 발표 논문.

이철우.(2007). 참여정부 지역혁신 및 혁신 클러스터 정책 추진의 평가와 과제. 「한국경제지리학회지」 10(4): 377-393.

조국현.(2004). 혁신 클러스터적 관점에서 본 지역혁신의 영향 요인에 관한 사례연구: 강원도를 중심으로. 「정부학연구」 10(2): 286-325.

최병호 · 문병근 · 이재우 · 정종필.(2005). 한국의 제조업 클러스터와 지역적 특화에 관한 연구. 「지역연구」 21(1): 55-90.

피터 드러커 지음, 이재규 옮김.(2001). 「프로페셔널의 조건」. 청림출판.

한국보건산업진흥원.(2006). 첨단의료단지(의료 클러스터) 조성 방안 연구.

한국산업단지공단.(2004). 「해외 선진 산업 클러스터 연수자료집」.

한국소프트웨어진흥원.(2004). 「IT 클러스터 육성을 위한 기초연구」.

한상일 · 유평준.(2006). 클러스터의 인접성과 그 효과에 관한 분석: 원주 의료기기 클러스터 참여자의 인식을 바탕으로. 「지방정부연구」 10(1): 49-69.

한상일 · 유평준.(2008). 혁신 클러스터의 발전과 집단화 전략: 원주 의료기기 클러스터의 사례. 「정부학연구」 14(2): 73-102.

한성안.(2002). 개방경제하의 지역혁신 체제 모형 연구. 「경제학연구」 50(3): 5-56.

한성안.(2004). 지역혁신 체제와 사회적 자본. 「기술혁신연구」 12(1): 135-160.

황우익 · 박종화.(2004). 테크노파크의 성과영향 요인: 집적과 네트워크를 중심으로. 「국토계획」, 39(5): 169-189.

국외 문헌

Ab. Aziz, Kamarulzaman, & Mariati Norhashim.(2008). Cluster-based policy making: Assessing performance and sustaining competitiveness. *Review of Policy Research,*

25(4): 349-374.

Adler, P. S. & Kwon, S. W.(2002). Social capital: Prospects for a new concept. *Academy of Management Review*, 27(1): 17-40.

Anderson, E.(1990). Two firms, one frontier: On assessing joint venture performance. *Sloan Management Review*, 31(2): 19-30.

Baron, R. M. & Kenny, D. A.(1986). The moderator-mediator variable distinction in social psychological research: Conceptual, strategic, and statistical considerations, *Journal of Personality and Social Psychology*, 51: 1173-1182.

Bhagat, R. S., Kedia, B. S., Harveston, P. D., & Triandis, H. C.(2002). Cultural variation in the cross-border transfer of organizational knowledge: An integrative framework, *Academy of Management Review*, 27: 204-221.

Bruner, J. S.(1966). *Toward a Theory of Instruction*. Cambridge, MA: Harvard University Press.

Burt, R. S.(1997). The contingent value of social capital, *Administrative Science Quarterly*, 42: 339-365.

Camagni, R.(1995). Global network and local milieu: Towards a theory of economic space. In S. Conti, E. J. Malecki, & P. Oinas(eds.), *The Industrial Enterprise and its Environment: Spatial Perspectives*, 195-214. Aldershot, UK: Avebury.

Capello, R.(1999). Spatial transfer of knowledge in high technology milieux: Learning versus collective learning processes, *Regional Studies*, 33(4): 353-365.

Chaminade, C.(2001). Innovation dynamics in the spanish telecommunication cluster: Policy implications. In OECD(ed.), *Innovative Clusters: Drivers of National Innovation Systems*, 91-111. Paris: OECD.

Cohen, W. M. & Levinthal, D. A.(1990). Absorptive capacity: A new perspective on learning and innovation. *Administrative Science Quarterly*, 35: 128-152.

Coleman, J.(1998). Social capital in the creation of human capital. *American Journal of Sociology*, 94: 95-120.

Cooke, P. Heidenreich, M. & Braczyk, H.(eds.).(2004). *Regional Innovation Systems*. London: Routledge.

Crouch, C. & Farrell, H.(2001). Great Britain: Falling through the holes in the network concept. In C. Crouch, P. Le Galés, C. Trogilia & H. Voelzkow.(eds.), *Local Production System in Europe: Rise or demise?* 161-211. Oxford: Oxford University Press

Daft, R. L.(2001). *Organization Theory and Design*. Cincinnati, OH: South-Western College Publishing.

Das, T. K. & Teng, B. S.(1998). Between trust and control: Developing confidence in partner cooperation in alliances, *Academy of Management*, 23(3): 491-512.

Das, T. K. & Teng, B. S.(2002). Alliance constellations: A social exchange perspective. *Academy of Management Review*, 27: 445-456.

Driscoll, M. P.(2000). *Psychology of Learning for Instruction*. Needham Hights, MA: Allyn & Bacon.

Drucker, P. F.(1993). *Post-Capitalist Society*, New York: Harpers Press.

Drucker, P. F.(2002). *Managing in the Next Society*. New York: St. Martin's Press.

DTI.(2003). A practical guide to cluster development. Retrieved April 10, 2009, from http://berr.ecgroup.net/search.aspx

Dyer, J. H. & Singh, H.(1998). The rational view: The cooperative strategy and sources of interorganizational competitive advantage. *Academy of Management Review*, 23: 660-679.

Enright, M.(1996). Regional clusters and economic development: A research agenda. In U. Staber, N. V. Schaefer, & B. Sharma.(eds.), *Business Network: Prospects for Regional Development*. Berlin: de Gruyter.

Fester, C. B. & Skinner, B. F.(1957). *Schedules of Reinforcement*. New York: Appleton Century Croft.

Fukuyama, F.(1995). *Trust: Social Virtues and the Creation of Prosperity*. New York: Free Press.

Grant, R. M.(1996). Toward a knowledge-based theory of the firm. *Strategic Management Journal*. 17(Winter Special Issue): 109-122.

Gujarati, D. N.(1995). *Basic Econometrics*. New York: McGraw-Hill, Inc.

Hague, R. & Harrop, M.(2003). *Comparative Government and Politics: An Introduction*. Houndmills: Palgrave Macmillan Ltd.

Hertog, P., Bergman, E. M., & Charles, D.(2001). Creating and sustaining innovative clusters: Towards a synthesis. In OECD(ed.), *Innovative Clusters: Drivers of National Innovation Systems*, 405-419. Paris: OECD.

Hertog, P., Leyten, J., Limpens, I., & Whalley, J.(1999). *Approaches to Cluster Analysis and its Rationale as a Basis of Policy*. Centrim: University of Brighton.

Inkpen, A. C. & Dinur, A.(1998). Knowledge management processes and international joint venture. *Organization Science*, 9: 454-495.

Inkpen, A. C. & Tsang, E. W.(2005). Social capital, networks, and knowledge transfer. *Academy of Management Review*, 30(1): 146-165.

Kale, P., Singh, H., & Perlmutter, H.(2000). Learning and protection of proprietary assets in strategic alliances: Building relational capital. *Strategic Management Review*, 21: 217-237.

Kennedy, P.(1997). *A Guide to Econometrics*. Cambridge: The MIT Press.

Klink, Arjen & Langen, Peter De.(2001). Cycles in industrial clusters: The case of the shipbuilding industry in the northern Netherlands. *Journal of Economic and Social Geography*, 92(4): 449-463.

Kooiman, J.(ed.).(1993). *Modern Governance: New Government-Society Interactions*. Thousand Oaks: Sage Publications.

Lane, P. J. & Lubatkin, M.(1998). Relative absorptive capacity and interorganizational learning. *Strategic Management Journal*, 19: 461-477.

Larson, A.(1992). Network dyads in entrepreneurial settings: A study of the governance of exchange relationships. *Administrative Science Quarterly*, 37: 76-104.

Lengnick-Hall, M. L. & Lengnick-Hall, C. A.(2002). *Human Resource Management in the Knowledge Economy: New Challenges, New Roles, New Capabilities*. San Francisco: BK.

Lengrand, P.(1970). *An Introduction to Lifelong Education*. Paris: UNESCO.

Lundvall, B.(ed.), (1992). *National Innovation Systems: Towards a Theory of Innovation and Interactive Learning*, London: Pinter.

Lundvall, B.(1998). The learning economy: Challenges to economic theory and policy. In B. Johnson, & K. Nielsen. (eds.). *Institutions and Economic Change: New Perspectives on Markets, Firms and Technology*. 33-54. Cheltenham; Northampton.

Marshall, A.(1920). *The Principles of Economics*. London: Macmillan.

Martin, R. & Sunley, P.(2002). Deconstructing clusters: Chaotic concept or policy panacea. Centre for Business Research Working Paper 244.

Maskell, P. & Malmberg, A.(1999). Localized learning and industrial competitiveness. *Cambridge Journal of Economics*, 23: 167-185.

Morgan, K. & Nauwelaers, C.(eds.).(1999). *Regional Innovation*

Strategies: The Challenge for Less Favoured Regions. London: The Stationery Office.

Nahapiet, J. & Ghoshal, S.(1998). Social capital, intellectual capital, and the organizational advantage. *Academy of Management Review*. 23: 242-266.

Nooteboom, B., Berger, H., & Noorderhaven, N. G.(1997). Effects of trust and governance on relational risk. *Academy of Management Journal*. 40: 308-338.

OECD.(1996). *The Knowledge-based Economy*. Paris: OECD.

OECD.(1999a). *Managing National Innovation Systems*. Paris: OECD.

OECD.(1999b). *Boosting Innovation: The Cluster Approach*. Paris: OECD.

OECD.(2001). *Innovative Clusters: Drivers of National Innovation Systems*. Paris: OECD.

Oinas, P. & Malecki, E. J.(2002). The evolution of technologies in time and space: From national and regional to spatial innovation systems. *International Regional Science Review*, 25(1): 102-131.

Parkhe, A.(1991). Interfirm diversity, organizational learning, and longevity in global strategic alliances. *Journal of International Business Studies*. 22: 579-601.

Peeters, L., Tiri, M., & Berwert, A.(2001). Identification of techno-economic clusters isong input-output date: Application to Flanders and Switzerland. In S. Conti, E. J. Malecki, & P. Oinas.(eds.), *The Industrial Enterprise and its Environment: Spatial Perspectives*, 251-272. Aldershot, UK: Avebury.

Pfeffer, F. & Salancik, G. R.(1978). *The External Control of Organizations: A Resource Dependence Perspective*. New York: Harper & Row.

Porter, M. E.(1990). *The Competitive Advantage of Nations*. New York: Free Press.

Porter, M. E.(1998). Clusters and the new economics of competition. *Harvard Business Review*, November-December: 3-23.

Putnam, R. D.(1995). Bowling alone: America's declining social capital. *Journal of Democracy*. 6(1): 65-78.

Ring, P. S. & van de Ven, A. H.(1994). Developmental processes of cooperative interorganizational relationships. *Academy of Management Review*, 19(1): 90-118.

Roelandt, T. & den Hertop, P.(eds.), (1999). *Cluster Analysis and Cluster-based Policy Making in OECD Countries*. Paris: OECD.

Rosenfeld, S. A.(1997). Bringing business clusters into the mainstream of economic development. *European Planning Studies*, 5(1): 3-23.

Sandel, M. J.(1982). *Liberalism and the Limits of Justice*. Cambridge: Cambridge University Press.

Schnake, M. E. & Cochran, D. S.(1985). Effect of two goal-setting dimensions on perceived intraorganizational conflict. *Group & Organization Studies*, 10: 168-183.

Simmie, J. & Sennett, J.(1999). Innovative clusters: Global or local linkages. *National Institute Economic Review*, 170: 87-98.

Swann, G. M. P.(1996). Technology evolution and the rise and fall of industrial clusters, *Revue Internationale de Systemique*, 10(3): 285-302.

Swann, G. M. P.(1998). Towards a model of clustering in high-technology industries. In Swann, G. M. P., Prevezer, M. & Stout, D.(eds.) *The Dynamics of Industrial Clustering*, 52-76, Oxford: Oxford University Press.

Swann, G. M. P. & Prevezer, M.(1998). Introduction. In G. M. P. Swann, M. Prevezer, & D. Stout.(eds.), *The Dynamics of Industrial Clustering*, 1-12, Oxford: Oxford University Press.

Tsai, W. & Ghoshal, S.(1998). Social capital and value creation: The role of interfirm networks. *Academy of Management*

Journal, 41: 464-476.

United Nations.(2003). From analysis to implementation: Introducing trade and transport facilitation measures in an integrated environment. Paper presented in International Ministerial Conference of Landlocked and Transit Developing Countries, Almaty, Kazakhstan.

Uzzi, B.(1997). Social structure and competition in interfirm networks: The paradox of embeddedness. *Administrative Science Quarterly*, 42: 35-67.

van den Berg, L. Braun, E., & van Winden W.(2001). *Growth Clusters in European Metropolitan Cities*. Aldershot: Ashgate.

Verba, S. & Nie, N. H., (1972). *Participation in America: Political Democracy and Social Equality*. New York: Harper & Row.

von Hippel, E.(1988). *The Sources of Innovation*. New York: Oxford University Press.

Wasserman, S. & Faust, K.(1994). *Social Network Analysis: Methods and Applications*. Cambridge: Cambridge University Press.

Yli-Renko, H., Autio, E., & Sapienza, H. J.(2001). Social capital, knowledge acquisition, and knowledge exploitation in young technology-based firms. *Strategic Management Journal*, 22: 587-613.

Zahra, S. A., Ireland, R. D., & Hitt, M. A.(2000). International expansion by new venture firms: International diversity, mode of market entry, technological learning, and performance. *Academy of Management Journal*, 43: 925-950.

文部科學省 科學技術政策研究所.(2003). 地域イノベーションの成功要因及び促進政策に關する調査研究: 中間報告. 東京: 文部科學省 科學技術政策研究所.

인용된 면접조사 내용

면접 대상자 A, 현 원주시장, 2007년 5월 17일.

면접 대상자 B, 전 원주시장, 2007년 5월 10일.

면접 대상자 C, 재단법인 원주 의료기기 테크노밸리 원장, 2007년 5월 15일.

면접대상자 D, (주)메디아나 부사장, 2007년 7월 20일.

찾아보기

ㅂ

ㅅ

ㅇ

ㅈ

저자 소개

유평준(兪平濬)

연세대 행정학과(행정학사)
서울대 행정대학원(행정학석사)
미국 플로리다주립대학교(행정학박사)
한국행정학회 연구이사, 한국정책학회 부회장
연세대 정경대학장 · 정경대학원장
(현) 연세대 정경대학 행정학 전공 교수

[주요 저서]
「인터넷 지역정보화의 실태와 전략」(공저, 집문당, 2003)
「행정학 헤드스타트」(공저, 박영사, 2006)
「광명경찰서」(한국노동연구원 뉴패러다임센터, 2007)

한상일(韓相一)

연세대 행정학과(행정학사)
연세대 대학원 행정학과(행정학석사)
미국 서던 캘리포니아대학교(행정학박사)
(현) 연세대 정경대학 행정학 전공 부교수

[주요 저서]
「한국의 공공부문」(공저, 한림대학교 출판부, 2006)
「행정학 헤드스타트」(공저, 박영사, 2006)

원주 의료기기 클러스터의 이해

-학습과 혁신 과정을 중심으로-

펴낸날 / 제1판 제1쇄 2009년 10월 27일

제1판 제2쇄 2010년 8월 25일

지은이 / 유평준 · 한상일

펴낸이 / 임춘환

펴낸곳 / 도서출판 대영문화사

주소 / 서울 용산구 청파동 1가 178-2 ㊄ 140-869

등록 / 1975년 12월 26일 제3-16호

전화 / (02)716-3883, (02)714-3062

팩시밀리 / (02)703-3839

우체국 온라인 / 011353-02-009106

ISBN 978-89-7644-327-4

〔값 10,000원〕